社会主义核心价值体系建设

"双百"出版工程

项 目

100位

新中国成立以来感动中国人物

马海德

于海涛/编著

★

吉林文史出版社

前 言

每个人的心中都多少有一点英雄情结，都向往英雄、景仰英雄。也正因此，在中华人民共和国建国六十周年之际，由中央十一部委联合组织开展的"100位为新中国成立作出突出贡献的英雄模范人物和100位新中国成立以来感动中国人物"的评选活动中，群众参与投票总数近一亿。这其中的每一张选票，都表达了人们对英雄模范的崇敬之情，寄托着对伟大祖国的美好祝福。

一个民族不能没有英雄，否则这个民族就不会强大。当国家危难之时，懦弱者选择了逃避、妥协甚至投降，英雄们却挺身而出，用热血捍卫民族的尊严，人民的幸福。在创立和建设新中国的伟大历程中，涌现出无数可歌可泣的英雄模范人物。他们之中，有为了民族独立和人民解放而英勇牺牲的革命先烈，有为了党和人民的事业而不懈奋斗的优秀共产党员，有在全民族抗战中顽强奋战、为国捐躯的爱国将士，有英勇杀敌的战斗英雄和革命群众，有积极从事进步活动的著名民主爱国人士和国际友人……他们是民族的脊梁、祖国的骄傲，是激励全体人民团结奋斗的精神力量。

《100位新中国成立以来感动中国人物》丛书，就像一部星光璀璨的英雄谱，真实、完整地记录了英雄模范人物不平凡的一生，再现了他们非凡的人格魅力和精神世界。舍身堵枪眼的黄继光，拼命也要拿下大油田的王进喜，中国原子弹之父邓稼先，新时期领导干部的楷模孔繁森……一串串闪光的名字，一个个动人的故事，犹如群星闪烁，光耀中华。

当今中国正处于伟大变革的时代，迫切需要涌现出一大批勇于承担历史使命、为祖国和人民奉献一切的先进人物。在"双百"人物崇高精神的引领下，在建设社会主义现代化国家的征程中，必将英雄辈出。

生平简介

马海德（1910—1988），原名乔治·海德姆（George Hatem），男，1910 年 9 月 26 日出生于美国纽约州布法罗市。1927 年进美国北卡罗来纳大学读医学预科。1929 年到黎巴嫩贝鲁特美国大学继续学医。1931—1933 年到瑞士日内瓦大学攻读临床诊断，毕业时获医学博士学位。

1933—1936 年到中国上海考察当时在东方流行的热带病。先后在上海广慈医院和雷士德医院工作，后来和两位同学合开诊所。1936 年到中国工农红军的临时驻地保安。1937 年随部队到陕北延安，加入中国共产党。后来随部队到山西五台山八路军总部工作，年底回延安筹建陕甘宁边区医院。1942 年调延安国际和平医院工作。1946 年 1 月作为中国共产党代表团的医疗顾问参加了在北平成立的由中国共产党、中国国民党和美国三方代表组成的军调处执行部的活动。1949 年加入中国国籍。1950—1953 年被任命为中央人民政府卫生部顾问。1953—1966 年协助组建中央皮肤性病研究所（后改称中国医学科学院皮肤性病研究所）。该所成立后，他主要从事对性病和麻风病的防治和研究工作。

1969—1976 年在北京阜外医院皮肤科工作。

1977—1988 年被任命为中华人民共和国卫生部顾问，并在协和医院皮肤科工作。1978—1988 年任全国第五届政协委员，第六届和第七届全国政协常务委员。1979 年获美国北卡罗来纳大学"突出服务奖"。1982 年获美国达米恩–杜顿麻风奖。1985 年获美国加利福尼亚州参议院颁发的国际公共卫生及麻风病防治成就证书。任中国麻风病防治协会理事长、中国麻风病福利基金会主席和中国麻风病防治研究中心主任。1986 年获黎巴嫩国家勋章和美国艾伯特–拉斯克医学奖。1987 年获美国纽约州立大学名誉理学博士学位。1988 年获印度甘地国际麻风奖。中华人民共和国卫生部授予他"新中国卫生事业的先驱"荣誉称号。

1988 年 10 月 3 日在北京病逝。

1910-1988

[MAHAIDE]

◀马海德

目 录 **MULU**

国际共产主义战士——马海德（代序）

他是唯一一名在红军时期就加入了中国共产党的西方人；

他是唯一一名全程参加了中国的土地革命、抗日战争、解放战争和社会主义建设的西方人；

他是唯一一名在中国工农红军、八路军、解放军里都担任过高级军职的西方人；

他是第一个被批准加入中华人民共和国国籍的外国人；

在入籍的国际友人中，他是第一名全国政协委员，是第五届全国政协委员，第六、第七届全国政协常委；

他被评为"100位新中国成立以来感动中国人物；

邓小平曾感慨地对他说："50年，不容易。"

他就是国际共产主义战士——马海德。

马海德，原名乔治·海德姆（George Hatem），1910年9月26日出生于美国纽约州布法罗市。原籍黎巴嫩。中共党员。生前系卫生部高级顾问，曾任中国麻风病防治协会会长、中国麻风病防治研究中心主任。

马海德1933年毕业于日内瓦医科大学，获医学博士学位。同年，他从美国不远万里来到中国参加革命，最初在上海从事医疗工作，随后参加上海国际友人组织的马列主义小组，协助我地下党开展工作。1936年经宋庆龄介绍到陕北，参加中国工农红军，一直战斗在陕甘宁边区。解放战争时期，他随中共中央转战到西柏坡，他以崇高的国际主义精神和精湛的医术为解放区军民服务，并在对外交往中作出了卓越贡献，受到毛泽东、周恩来等老一辈无产阶级革命家的称赞。中国工农红军改编为八路军后，马海德担任八路军总卫生部顾问。抗日战争胜利后，马海德留在中国，继续支持中国人民的革命事业。1950 年经周恩来总理批准，马海德加入中国国籍。马海德为我国上世纪 60 年代初基本消灭性病和防治麻风病作出了巨大贡献。1988 年被国家卫生部授予"新中国卫生事业的先驱"荣誉称号。1988 年 10 月 3 日 9 时 25 分，他在北京协和医院病逝，终年 78 岁。根据他本人遗愿，他不同意将骨灰放八宝山，一部分撒在中国的延河里，还有一部分被他的家人送回美国布法罗家族墓地。

马海德以自己传奇般的一生表明，他是一位忠诚的共产主义战士、真正的国际主义者，是我们时代的一位杰出人物。他属于中国人民，也属于美国人民，更属于全世界人民。

青少年时代

→ 志存高远

★★★★★

1910 年 9 月 26 日，美国纽约州布法罗市一个贫寒的钢铁工人家庭诞生了一名男婴，父亲给这个男婴取名乔治·海德姆（George Hatem）。这个男婴就是若干年后与东方那个古老而遥远的中国发生千丝万缕联系的马海德。

乔治的父亲纳胡姆·海德姆祖籍黎巴嫩，早年移居美国。

20 年代，布法罗的日子越来越不好过。乔治出生后，他的一个妹妹、两个弟弟又相继出生，海德姆一家慢慢陷入困境。孩子们都营养不良。母亲萨马姆在自制的烤炉里给孩子们做馕吃。她烤馕要用煤，乔治就和别人家的穷孩子一起到车站附近的煤场去捡拾煤渣，直到煤场的警卫把这些孩子赶跑。

后来乔治回忆说："我有一点儿害怕，但我喜欢这种紧张情绪。"父母不识字，他们和许多别的移民一样，下决心要子女接受教育。乔治 1916

▷ 1917年在美国布法罗市小学一年级
期终考试名列第一并获得奖学金

年6岁就开始在布法罗市的小学上学，学校名为圣约
翰马龙学校。纪律很严，全部用英语教学。若干年后
乔治还记得当年的情形。他回忆道："每天早晨我穿
着一件用爹的旧上衣改小了的衣服和一双买来的旧皮
鞋去学校。这是一双女孩子的鞋，爹买它是因为它最
便宜。我心里又气又怕，不肯穿这双鞋，因为穿了就
会被别的男孩取笑，但是爹和妈一定要我穿，我不想
伤他们的感情，所以就穿这双鞋出门，但是到了他们
看不见的地方就把鞋子脱下来藏在附近仓库的货台下
面，穿上我藏在书包里的破鞋。晚上回家再把这个程
序倒过来。爹还时常夸我把这双鞋穿得仔细，保持
完好状态。"

△ 1922年与弟妹合影。自左至右: 小妹费里达、马海德、大妹莎菲亚、弟弟约瑟夫（中坐）

　　虽然家庭经济拮据，但乔治的天性却是快活和乐观的。因为周围移民的孩子们不会因为家里穷就因此烦恼，孩子们总会寻找到属于自己的快乐。大家也不会因种族、肤色、基督徒或犹太人而产生种族和宗教偏见。大家每天会在一起高高兴兴地角斗、疯闹，快活至极。

　　有一次孩子们在电影院的座位底下捡到一枚银元并为此争执起来，吵闹声惊动了电影院的经理，他问明情况后收起了银元并宣称这枚银元是他丢的，然后冷冷地怀揣银元走了。乔治对这不公平的处理愤怒至极，认为这是成人世界的不讲理。后来谈起这件事的时候，他笑道："马克思或者毛泽东大概会称之为这是他与有钱阶级的虚伪之首次遭遇！"

童年时乔治的家庭生活异常贫困，常常衣食无着。尤其1918年更是祸不单行，在布法罗市全家六口均患西班牙流感病倒了。幸亏一位老医生为他们免费治疗，并捎给他们一些食品，才幸免了一场灾难，这给他留下了难忘的印象，埋下了立志长大当一名医生，为穷人治病的愿望。

父亲纳胡姆在伯利恒炼钢厂附近的拉卡瓦纳分厂找到了一个工作后全家迁居到了那里。乔治也转学到了那里的公立第三学校，后改名罗斯福小学校。然而不久工厂工人开始罢工，纳胡姆又失业了。

➡ 寒门博士

★★★★★

后来全家搬迁到北卡罗来纳州的格林维尔，1923年9月起乔治在那里边打工边上中学，直到

1927 年 6 月中学毕业。1927 年 9 月，他靠勤工俭学在北卡罗来纳大学读预科。他上了大学后，教育面拓宽了许多，位于南方查波尔希尔的北卡罗来纳州立大学是很自由化的。他上了理学院。因为他还要学医深造，他的家庭只能提供一小部分经费，他就靠自己打工，平时在食堂当服务员（这样他就可以不出饭钱），星期六就到男士服装店去卖鞋子增加收入。他没有节假日，每年夏季也上学，这样就把学习年限缩短了一年。

在大学里，乔治又一次遭遇了种族歧视，虽然比在中学时更为隐蔽。他对长跑极感兴趣。可是教练却要他去练摔跤，这项运动被认为是"外来者"的运动。他从入学面试的似乎无关紧要的提问中，感觉到当局在衡量他。例如"你喜欢什么样的领带？""你最喜欢的棒球手是谁？"他猜想，校方从回答中可以推测学生的背景和价值观。

宿舍房间是按姓名来分配的，乔治和一个叫哈里·施瓦茨的住一间房，因为人们总是以为乔治是犹太人，大学生联谊会从不去找他，只有一个犹太学生俱乐部找过他。他说他是马龙派天主教徒，俱乐部不在乎这个。但是他不得不谢绝，他没有那么多的钱和那些有钱的会员同步。

乔治和犹太人关系密切。有不少犹太朋友，这也许是因为彼此都受到歧视。一旦他决定要去追求当医生的梦想时，他才知道当时美国医学院对于犹太人、黑人和移民的子弟有一条秘而不宣的人数限制，唯一能接收他的医学院是黎巴嫩贝鲁特的美国大学医学院。爹和妈因为他们的儿子能回到老家去，当一名"有学问的人"极为快慰。他们给亲朋好友写信，请他们尽量热情有礼地接待乔治。

1929 年在贝鲁特，乔治遇见了罗伯特·列文森和拉泽尔·卡茨两个从美国来的犹太青年，他们后来成为他的好友和同行。这所学校还幸而免于种族和宗教偏见之苦。乔治在学校里功课好，加入了篮球队，而且开始有了社交生活。

1931年他和卡茨与列文森转到日内瓦大学完成医科学习。这所大学的医院，实习条件非常好，另外，在日内瓦与列文森和卡茨家来往的富有的犹太朋友会经常以美餐待客。这两个犹太同学总是带乔治一起去。

　　学校的课程虽然很重，但这三个朋友还是挤出时间做各种课外活动。他们游泳、爬山、滑雪、骑自行车旅行，在星期六晚上跳舞——乔治是个大舞迷。瑞士的壮丽景色既使他兴奋，又抚慰了他。他的法语说得很流利，喜欢与人来往、交谈。

　　乔治成长了，他感觉更为轻松，更为成熟。

△ 1925年在北卡罗来纳格林维尔高中读书的马海德

尽管如此，并非一切都是开心、好玩的。这几个年轻的医科学生越来越感觉到美国和欧洲的紧张形势正在逼近。失业者达到成百上千万。全世界都深受严重的经济萧条之苦。罗斯福总统下令关闭美国的银行。希特勒当上了德国总理，被授予独裁权力。在德国，所有的反对党被解散，罢工被禁止，一切经济、文化和宗教生活都受到政府和纳粹党的控制。对犹太人的迫害有组织地开始了。

整个欧洲压制人民的政权死死抓权不放，在瑞士，部队开枪打游行的失业工人。乔治和他的同学整天在大学的外科手术室医治受伤者。

1933 年，毕业临近了，这三个未来的医生长时间地讨论下一步该怎么办、他们往哪里去。美国正处在萧条的困境里，为什么不能先到另一个国家去一段时间取得些经验呢？肯定过一两年美国的情况也会发生变化。事实上是他们在外国的自由生活很愉快，也极有乐趣。他们不急于回家。

到哪里去？乔治提出到中国去，到中国上海去。他所说的"神秘的"东西固然使他神往，不仅如此，他认为上海这个大海港，有全世界各地的轮船停泊和水手上岸，这就提供了治疗各种各样的疾病的机会，他的论文题目是"优越的华氏曼试验"，他特别对性病有兴趣，列文森和卡茨热烈地响应他。

来到中国

➡ 初到上海

★★★★★

1933 年，23 岁刚刚从医科大学毕业没多久的乔治为了庆祝获得博士学位，为了看看他眼中神秘的中国，和他两个朋友选择中国上海作为暂时的落脚点。让他没有想到的是，这一短暂停留，却是一生。

他们从欧洲直接乘船到上海，在公共租界九江路上的大陆银行大厦里开设了一个诊所。在上海以及别的一些中国城市里，英、法、日在那里的特定地区有"治外法权"，有自己的法律、自己的法庭和自己的警察。

上世纪 30 年代的上海，已然是一座国际化的大都市，被称为"冒险家的乐园"。乔治对上海的最初印象是人人都在匆匆忙忙地活着。这里有高层大楼，有公共汽车，它和任何一个西方的大城市都相像。

△ 1933年，马海德来到中国上海，考察东方热带病。时年23岁

　　年轻的医生乔治和朋友们开了一家私人诊所，富足的生活让他经常出入上流社会。然而贫富悬殊也让他的社会良知受到震撼。他看到很多人因为贫穷，只有快死了，才被送进医院治疗，街上经常有冻死、饿死的人，年轻人因抗议不满而被枪杀，缫丝厂的童工，手都露出了白骨……

　　他们把诊所分为三个科，内科兼眼、鼻、耳、喉科；

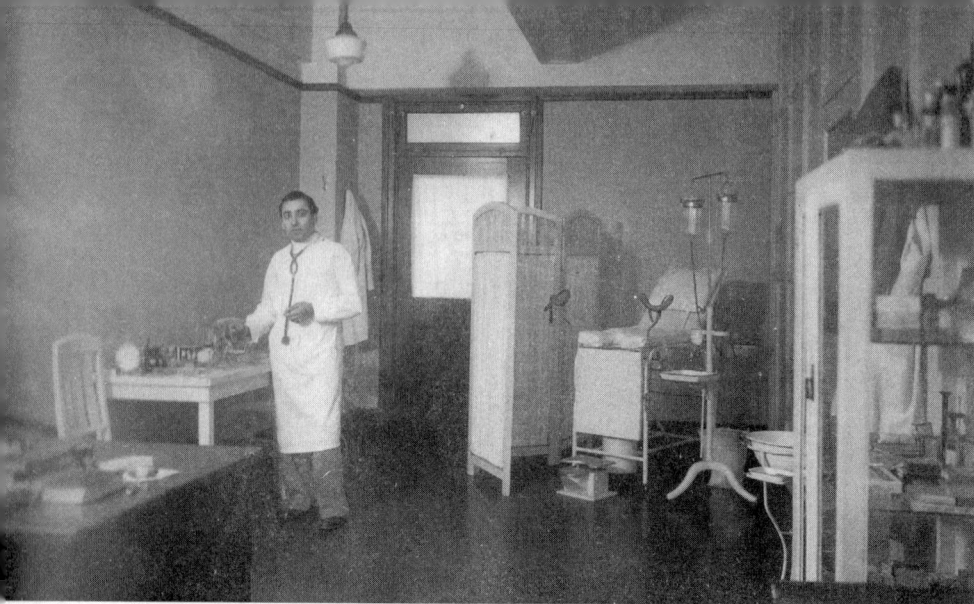

外科；皮肤、性病科。各科收各科的费用，但是开销是共同负担的。乔治管第三科。他深信充斥了外国水手的上海这个海港，会给他提供很多的机会，即治疗性病的机会。

正在成长的医生还有别的赚钱的机会。九江路上有一个高级皮肤性病科医生要去休假三个月，要求乔治替他开业。乔治踌躇了，不知道他能不能赚够钱来支付他九江路诊所的那一份负担。

那个医生叫他放心："我亲爱的年轻人，你大可不必担心，我们有一百名外国妓女的花名册，她们都必须定期来进行检查，取得准许营业的合格证。另外还有二百名中国妓女也须检查。荷兰轮船公司与我们有合同，要我们医治他们船上船长和大副的性病。上海的警察和我们也有合同关系，如果这些业务赚的钱不够，我们给人做人工流产，三百美元一次，环游世界的船都有我们的名片。"

乔治这才知道，原来医生还可以通过这种方式得到报酬。一天早晨，有一位穿着考究的男士，手提高级文件包到诊所来会卡茨。

来访者说："我们向你提出一件对你有好处的事情。你现在是个奋斗着的年轻医生，我们想要帮助你，我这里有两公斤纯海洛因，你们医生能把它切开，用掉。这里是公共租界，你们享受治外法权，谁也不能来碰你，和我们一起干吧，你很快就会发财的。"

卡茨大夫很有礼貌地拒绝了他。在美国人办的圣

△ 30年代旧上海流浪街头的行乞者

路克和英国人办的雷士德中国医院里工作的经验使他们极为震惊，他们在医院里的慈善病房里做兼职医生，这两家都是大医院，但是他们面临的障碍，不是缺钱缺人，而是中国的规定：只有危重病人，通常是临终病人才能进慈善医院。

乔治自问：为什么这些可怜的人的情况这么悲惨？为什么只有快死的病人才能进医院？他们需要有饭吃，有房子住，有衣穿，生活有点保障，但是他们什么都没有。现在不论大夫多有本领，药品多有效，手术多高明，大部分病人已经衰弱不堪，总是要死去的。

对这些年轻的、有理想的医生来说，这种情况无法忍受，但是他们对此却束手无策。

卡茨和列文森因为绝望而放弃了，回美国去开诊所了。乔治却留了下来。他们对他很失望，而"失望"两字是过于轻描淡写了，好在他说只待一年。他们能忍受多等几个月。但是不久后，当他写信说他要留在上海，正在考虑随一个洛克菲勒考察团进入西藏时，他们的精神崩溃了。西藏之行未成，可他也没有回美国去。事实是将近三十年之久，他们谁也没有见过乔治，直到1962年乔治在叙利亚与父亲纳胡姆相见。

说来也怪，事情的发展本不是他最初计划的那样，他到上海去的目的是想学到更多的关于性病、疟疾、钩虫以及黄热病的知识。当时这些病在北卡罗来纳很流行，他是完全准备住一个短时期就回家的。但是中国使他着迷，他还想知道得更多。

同时，他的社会良知已开始困扰他。他对中国的贫富悬殊深为惊恐，上海的严峻现实使他想起他童年和青少年时期的贫困艰难。欧洲的人迫害人和中国的人迫害人这两者之间难道没有联系？他们是普遍模式的一部分吗？乔治渴望了解世界上不平等的原因，发现解决的办法。

上海当时被称为"冒险家的乐园"是很有道理的。上海到处都是从世界各地来的冷酷、搞歪门邪道的骗子，他们与蒋介石的腐败官员狼狈为奸，榨取一切能得到的财物。乔治在和大多数他的商人同胞往来时，没有什么乐趣可言。

⊙ 接触中共

★★★★★

卡茨和列文森走后，乔治孤身在上海，闲暇时开始去逛一家出售开明书刊的书店，店主是一个名叫爱琳·魏德迈的德国妇女。他在那里遇到了一些浏览书刊的和购书者，如左翼美籍作家艾格尼丝·史沫特莱、传奇人物新西兰人路易·艾黎和美国记者兰德尔·古尔德。

史沫特莱和艾黎当时正积极地帮助中共的地

下组织，他们支持一个小小的外国人学习组，讨论马克思主义和革命。好奇的乔治也参加了，他最初觉得没有多大意义。

乔治开始读一些英美左翼作家如艾格尼丝·史沫特莱和约翰·斯特雷奇的书籍。在他的学习小组里，德国理论家汉斯·希普讲述了在德国和其他欧洲国家政党里的思想斗争。这个汉斯后来为中国共产党领导的八路军工作时，被日本人杀害了。组里的活动分子还有美国共产党人麦克斯（曼尼）·格兰尼奇，他和他的妻子格蕾丝正发行着《中国之声》。该刊物号召停止内战和建立抗日统一战线。在美国的麦克斯之兄，迈克·戈尔德名气更大，他是《没钱的犹太人》的作者。后来这个学习组开始讨论马克思主义和《共产党宣言》。乔治回忆说：“《宣言》如同雷电一样地击中了我。我过去的经历都浮现出来。我想起了美国、贝鲁特、欧洲。我想到当时我在中国看到的一切，这些事都印证了《宣言》的分析。我认为这篇论文是对世界社会经济问题的宏大深刻的研究，是如何处理这些问题的指路明灯。”

乔治对于人们为自由而战的理解越来越明白了，但是他还不确切知道自己该干什么。1935 年 8 月间，他写了一封信给在纽约行医的卡茨：

我仍在张望观看，我不想回美国，我要留在中国。我家里人知道我要留在这里，就不给我写信，现在我可以自由地我行我素了。我不能同意他们要我回去开诊所的想法。我厌恶私人开业……

生活不仅是个人和他的家庭。全世界都在受苦受难，你自己面临的问题是次要的了。我也想过到俄国去，不过那是逃避现实。我要等到所有别的国家都像俄国，此时此刻，我将尽心做我所能做的，帮助这里的人……

坐在凳子上，医治几个老胖子，我已经不再愿意干了。我有力量，对生活有不同的看法。任何工资不高的医生职位我都愿意，而我认为已经有一个职位了……九月，我开始在一个刚建成的有六百个床位的精神病院工作。我工作半天，住宿伙食不花钱之外，还有一百银元薪水……

我没有谈恋爱，也没有女朋友，但是不久会有的。在你看来，我不富裕，但是，卡茨，我告诉你，我生活得很不错。现在生活对我很有意义。一种不受种族和民族束缚局限的生活，给人提供了最大的自由。卡茨，我确信你明白这个道理。我们是在同一学校里受过同一教育的……

他亲眼目睹的事驱使他倾向革命者，他是一个正义感强烈的美国青年，他为统治者的毫无心肝的贪婪腐败，为成千上万的普通老百姓的深重苦难而怒火中烧。

一个医生，一个外国人，怎样才能出力？上海的共产党是个秘密的地下组织，他怎么才能和他们接触？谁又能介绍他？

结果有三个人可以帮他联系，其中两个是妇女，男人是一个新西兰人路易·艾黎；艾格尼丝·史沫特莱——一个美国人；孙中山的遗孀宋庆龄——她主张建立一个现代的独立的中国，深受国人尊敬。

乔治非常喜欢艾格尼丝，她家里曾经藏匿着在逃的红军人员。在国民党法西斯白色恐怖面前，艾格尼丝表现了极大的勇气。她几乎没有一点女人气，粗犷、坦直，绝对的无畏。她公然地、毫无顾忌地投入战斗。艾格尼丝对于乔治向往红色区域很有影响。路易·艾黎也成为了乔治的终身朋友。他生于新西兰的克莱斯特彻奇市的教师家庭，家庭环境良好，是第一次世界大战时欧洲战场上的英雄。

不久朋友们就在乔治诊所下班后秘密开会。还把国民党追捕的共产党人送到码头上，偷偷上了俄国船驶向苏联。乔治还秘密地油印并散发艾格尼丝出版的一张小报。他的整个生活变了，已不再是那个只为中国的不幸而愤怒的观察者了。

艾格尼丝第一次把乔治带到宋庆龄女士家里去时，只说是去造访一个好客的中国朋友。他们进入有竹围墙的、精心修剪的花园，走进一所以传统方式布置得很典雅的小洋楼，看到那里的人们正在跳舞。

乔治毫不犹豫地走到那位最美丽的妇女面前，请她跳舞。宋庆龄笑笑说，她不会跳。她穿的是朴素无华的旗袍，没有化妆。没有人介绍他们认识。乔治听她说的是极好的带着美国口音的英文，他大胆地坚持说"没关系"，于是边拉她上场边说："我来教你。"

其实她跳得非常好。一场结束，乔治谢了她，送她回到她的座位。之后，他又请她跳了几回。

乔治悄悄地问艾格尼丝："她真美，英语说得好极了。她是谁呀？"

艾格尼丝笑笑，答道："孙逸仙夫人。"

乔治脸色通红，尴尬之极。"上帝呀！我怎么这样轻浮！"

宋庆龄不是中国共产党党员，但她那里是中共在上海的主要联络处。艾格尼丝后来告诉宋庆龄，乔治是中国革命热忱而可靠的支持者。这位优雅的夫人很喜欢他，而乔治则加倍敬爱她。他们之间的友谊一直延续到她去世。

红军长征前，乔治就向宋庆龄、史沫特莱和路易·艾黎表示要去江西苏区工作的愿望，因红军已北上，只好让他等待时机。

第五次反"围剿"失败后，红军经过湘江血战、艰苦的长征，来到了荒凉的陕北黄土高原。此时，从司令到战士，乃至随军家属，红军的健康状况令党中央和毛泽东担忧。对毛泽东来讲，健康问题是摆在红军面前的最大问题。今后还有更大的仗要打，更长的路要走。糟糕的是，1936年3月，由于路易的建议，宋庆龄安排乔治到当时的红色地区陕北去，他先到西安，那里一个地下组织人员会接待他。三个星期过去了，联络人员没有露面，他又回到上海。此时，在党中央和中央工农红军中，没有一名受过专业训练的医生。1936年春末，毛泽东和周恩来写信给宋庆龄，想邀请一位正直的外国记者和一名医生，去陕北实地考察共产党领导的苏区情况和了解共产党的抗日主张，宋庆龄推荐了埃德加·斯诺和乔治·海德姆。

1936年6月，宋庆龄要他去她家见面，说陕北要一个"训练有素的西医"来帮助正在开始建立的医疗工作。她给乔治半张五英镑的票子，来接他们的人会有另一半。

乔治的行李里有一个带红十字的皮革制的药箱，还有两木箱的药品。在一只箱子牢固焊接的夹层底里，有一批文件。其中有1935年第七次共产国际代表大会上季米特洛夫的反法西斯统一战线的演讲。当时的中国红色根据地还没有见到过全文。几天之后，乔治·海德姆动身上路，去那个将要震撼世界、影响他命运的革命根据地。

寻求真理

⊙→ 挺进陕北

★★★★★

    1936 年 6 月天气微热的一天，乔治登上上海火车站的客车，目的地是西安。埃德加·斯诺从北京动身，到郑州和他会合。他们将一起前去西安，取得联络，并进一步准备得到到达保安的指示。

    1935 年，斯诺受聘于和哈佛大学有关的燕京大学，教授新闻学，他和妻子在北京建立了家。具有自由思想的学生认为这对青年夫妇能同情地听取并支持他们的爱国要求，斯诺通过学生中的激进分子和中共地下党有了联系，并且表示了要报道"解放区"红色根据地的愿望。他的请求得到了同意，有人告诉他：在郑州车站与他的同国人乔治·海德姆会合，和他一起去西安，从那里进入保安的红色根据地。

    但是这两个决心要到这神秘的土地去的人，乔治是为了寻求一种乌托邦社会，斯诺则感到有爆炸性的新闻在等着他。

△ 1936年6月马海德历尽艰辛来到陕北苏区

斯诺曾在《今日的红色中国》一书中这样描述乔治，他写道：

乔治有着敏锐的智慧，他已经透过社会的光鲜的表面，看到它最丑恶的脓疮。表面上似乎玩世不恭，有一件事他确实认真的。他要为他的医生这一行业找到一个目的……希特勒也把他送到了西安——正如，从某一点上说，希特勒也把我送到那里，因为对于知道希特勒将把世界引向何处的年轻人来说，世界已经不是一个美妙

△ 马海德和周恩来在一起

的地方。在东方，日本人也在向同一方向前进，扬言要
把蒋介石也带上（他那时用德国和意大利法西斯分子做
顾问）……共产主义似乎是唯一关注与法西斯做斗争的
势力了。既然希特勒和日本如此痛恨共产主义，乔治认
为他总有些好处，他强烈地厌恶当时的上海社会。

斯诺一直是感觉敏锐的新闻记者，他一下子就抓
住了他们二人的共同点，那就是对法西斯的仇恨以及
感觉到共产党人是最活跃的反法西斯力量，在中国和

西方都是如此。他们将要到红色根据地去看一看中国共产党人怎样具体地进行着他们的战斗。斯诺想要知道乔治这次深入中国内陆之行有没有任何个人的原因。乔治拿着那半张五英镑的钞票与当地地下党接头后，于两日后被护送去了解放区。三天后他们俩到了延河附近村庄的一个窑洞里，过了一个小时，一对骑兵马蹄嗒嗒地来到这里。领头的是一位英俊的有胡子的男子，他下了马，进入窑洞，同他们握手。他用不太流利的英语说道："我是周恩来，总部的司令员。我们正在等待你来。我们派去接你们的人走错了路，然后和跟随你们的土匪打起来了。等到他们把土匪赶跑，回来又已经找不到你们。我非常抱歉，我们的工作没有做好，你们受苦了。"他很亲切地笑了笑，继续说道："这里已经是离保安不远的村子，镇子就在前面。请随我来。"

他们随着初见面的红军士兵以及中国革命的一个主要人物，进入保安。没过几天，乔治开始给党中央的领导和他们的家属检查身体并治疗，周恩来就把他们介绍给了毛泽东，斯诺开始进行紧张的采访，这些访谈第二年就出现在他的名著《西行漫记》（或《红星照耀中国》）里。

坐在灯光暗淡的窑洞里，周围是万籁俱寂的黑暗的群山，听毛泽东安详地分析中国的过去和现在，颇令人有种神秘感。毛泽东气势宏大地纵论天下，在这不起眼的环境里并无不适之感。因为毛泽东的全部哲学都扎根于基层而且要从那里发展。他用中国历史上的民间故事和轶事来说明他的观点，时而幽默，但总是非常有力。

第一个加入中国共产党的外国人

★★★★★

　　斯诺采访中共的领导人时，马海德也在场，他很快通过这些谈话理解了中国革命。

　　马海德和斯诺住在窑洞里，吃着很简单的食物——大白菜、土豆、大蒜、辣椒和小米粥，因为他们是"特殊的客人"，偶尔有白面馒头代替玉米面做的窝头。小米是用亚麻子油炒的，吃起来有股腥臭味。马海德吃不下小米，总是胃痛，因而越来越瘦。

　　正当斯诺在陕甘宁边区进行采访的时候，马海德也应毛泽东的指令，对当地红军和老百姓的医疗卫生条件做了详细的了解并写成报告。毛泽东很满意，委任他为"部队卫生部的医疗顾问"。那时，马海德是根据地唯一一位拥有博士学位的医生。10月，当斯诺离开了保安去写他著名的《西行漫记》（《红星照耀中国》），马海德放弃了上海的富裕生活留了下来。在共产党最困难的时候，马海德留了下来。不仅留了下来，1937年2月，他如愿加入了中国共产党。在成为正式党员前的一个寒冷的早晨，有一个人带他去看了一具刚刚被地主武装砍头的农村党员的尸体，后来知道是离此地不远的一个村支书。其中一个人转过身对马海德说："你已申请加入共产党，如果你被敌人抓住，这就可能会是你的下场。你还想要参加党吗？"

马海德面色苍白，说不出话来，他只是点点头，说："我还是要加入共产党。"他深深地受到震动。两星期之后，他被正式接收为中国共产党正式党员，尽管那时只是领导一个小农镇，离代表全中国还有很远很长的艰难路要走。

马海德后来回忆说："他们要我记住斗争是非常残酷、非常艰苦的。我必须说任何党员要是被敌人抓住，必死无疑。你参加党，你就是把性命置于危险之中。你必须全心全意地献身。我永远不会忘记这一点。"

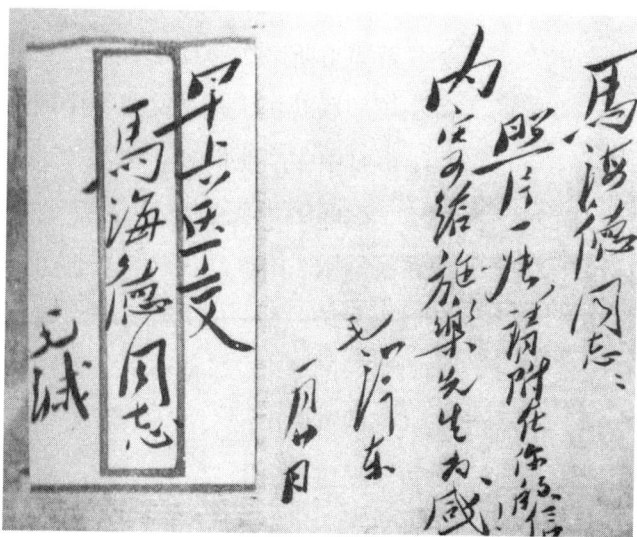

△ 1937年1月20日，毛泽东给马海德写信，请他将一张有自己签名的照片转给斯诺

→ 名字由来

★★★★★

　　1936年6月红军东征开始，6月16日，红一军团第二师在师长杨得志、政委肖华的率领下，攻占豫旺堡。随后，彭德怀率西征军指挥部进驻豫旺堡，这里便成了红军西征的指挥中心。指挥部设在城隍庙内，钟鼓楼是红军的瞭望塔。斯诺和乔治在年轻翻译黄华的陪同下去那里采访考察。黄华是斯诺在燕京大学的学生，后来，他成为中国驻联合国大使，又成为中国的外交部长。8月16日中午，他们到了野战军总指挥部所在地——豫旺堡。他们一行，老远就看到城楼上红旗飘扬，城东门上高悬着"欢迎美国朋友到红军前线来采访考察"的大红标语，城墙上响着"嘀嘀嗒嗒"的号声，彭德怀司令员率西方野战军总指挥部的首长（李富春、聂荣臻、左权、邓小平、陈赓、杨勇、杨得志、肖华等）亲自出东门迎接，互相问候。欢迎仪式结束后，彭总安排斯诺和海德姆住在了总部——豫旺堡西城墙下的城隍庙里。在豫旺堡，斯诺采访了国民党撒下成千上万空投传单悬赏缉拿的彭德怀、能说俄语的 29 岁年轻将领杨尚昆、国民党悬赏 10 万要其人头的红色窑工徐海东和许多无名战士及"共产党前线组织的两个回民团"。斯诺详尽地记述了彭德怀参加革命的传奇经历和他对游击战的经验总结，以及彭德怀的话"我们不过是人民打击压迫者的拳头！"这位戎马倥偬大半生的开国元勋留有许多珍贵的照片，记载着他光辉的革命历程，但能反映他"横刀立马"形象的仅有一张，也是唯一的一张，是在豫旺堡鼓楼旁拍摄的。斯诺采访回民团这样写道："共产党在前线组织的两个回民团，他们比汉人高大，结实，胡须深，肤色黑，长得很英俊，明显有突厥人的外表，杏眼又黑又大。他们都带着西北人的大刀，熟练地给我表演了几下，能够一举手就能砍下敌人的脑袋。"

中国西北部的人主要是当地的土耳其人，加上阿拉伯和波斯古代移民的后人。他们绝大部分是穆斯林，他们最神圣的书——《古兰经》是阿拉伯文的，宗教仪式也用阿拉伯文进行。

在中国遥远的西北宁夏，乔治获得了中国名字——马海德。乔治喜欢这里的地貌和风土人情，很像美国的西南，粗犷、开阔，人人都骑马或骑驴。

当地首领大毛拉宴请乔治，毛拉听说乔治是"阿拉伯学者"，因为乔治长了胡子，看起来真像个阿拉伯学者，在宴会上有人问乔治是否会说阿拉伯语，他说："不大会说，但是我会吃阿拉伯餐！"他很有技巧而且很起劲儿地表演着。主人们坚决要求他起个穆斯林名字。有人建议姓"马"——一个普通的穆斯林姓氏，又起了"海德"为名，与海德姆谐音。

"马海德"在中文里很容易发音。此后，他的中国病人都称他为"马大夫"，他的中国朋友叫他"老马"，到晚年称他为"马老"。外国熟悉的朋友开玩笑地称他为"horse"（即马）或称他"兽医"。我们在此文中均称他为马海德。

回到保安，他递交了一份红军和该地区老百姓的医疗和卫生条件的详细报告，毛泽东很满意，委任他为"部队卫生部的医疗总顾问"。那时马海德是根据地唯一一名医科大学毕业的医学博士。

马海德和斯诺领到了红军的制服、帽子、绑腿，一应俱全。斯诺要给毛照一张相，主席没有戴帽子，马海德以为那样不够庄严，因而在他的建议下，毛戴上了斯诺的"八角"红军帽。结果，照出的相全球闻名，今天在中国仍然很受欢迎。10月，斯诺离开保安去写《西行漫记》。说好他不提马海德，因为怕连累了人所共知的他在上海的中外朋友，特别是宋庆龄，国民党对于任何一个帮助红军的人是什么手段都会使出来的。斯诺遵守他的诺言。一直到了1970年在《大河彼岸》这本书修改并加上新材料时，斯诺才透露和他一起到红区去的同伴是乔治·海德姆医生。唯一"泄露"的是上海一张英文报凭想象写出来的，关于在西北穆斯林中有一个"土耳其穆斯林医生"为红军工作的消息。

斯诺去往北京之后，马海德和第一方面军的医生一起工作，随他们到甘肃去与第二、四方面军会合，这两支军队是最后完成长征的部队。这些士兵，病病歪歪，精疲力尽，衣衫褴褛，但是他们毫不犹豫最终会解放全中国。在一间农民小屋里，和这些破衣烂衫的幸存者一起坐在炭火旁，马海德听到了史诗般的长途跋涉。装备精良的国民党军队追赶着，曲折迂回地通过穷山恶水、沼泽地带走了8000英里。他们伤亡达百分之九十，30万人马只有3万到达。但是这些形似"稻草人"的骨瘦如柴、破衣烂衫的人谈起行军，简单朴实，且很幽默，好像他们刚刚在公园嬉耍过一样。

➜ 与白求恩的友谊

★★★★★

　　加拿大外科医生诺尔曼·白求恩大夫是在1938年初到的，刚刚从西班牙内战的战场上来。马海德（欢迎白求恩的代表团的团长）和医务人员以及军人一起迎接他。白求恩不仅显示了在前线极简陋的条件下能冷静施展其专家技术的能力，他也能将这种技术传授给中国的医护人员。

　　白求恩带来了最新的科学知识以及在战伤外科和看护伤员方面的广泛经验。他有着在战地输血的丰富知识。他懂得必须马上给伤员紧急手术，知道控制休克和流血的价值、静脉注射流体的必要性，对于开放性骨折、骨髓炎以及此类损伤的控制疼痛、用石膏模型固定的重要性。这时候还没有抗生素。白求恩在西班牙内战期间在军事外科方面获得的经验，使他能够对他的同行、训练班以及他组成的流动外科小组传授所有这些知识。马海德开始很愿意跟白求恩到前线，当向毛主席请示时毛主席头都没抬说："那谁管我！"

　　后来白求恩为教学撰写了有图解例证的教科

书和讲稿。他和木匠、铁匠一起干活来改进流动外科队的设备。流动外科队能运送药品、必需品和仪器，把牲口驮着的这些东西卸下来就成为手术台。

白求恩是个足智多谋、有才能的人。他工作、教书、领导流动外科小组，经常参加对前线的紧急支援，在前线老练地为伤员做手术，他节奏很快，完全符合八路军苦干、自我牺牲的传统。白求恩在晋察冀解放区工作的一年多时间里，做了惊人的大量的教学、移动、手术等工作。他的苦干、孜孜不倦的探讨，提高了医疗工作的水平和八路军战斗部队的士气。

1939 年 11 月 12 日，他因败血症而逝世。当他在一个感染了的肢体上做手术时弄破了自己的手指。

"诺尔曼·白求恩之死是因为前线手术时橡皮手套不够用，"马海德悲痛地说，"他弄破了自己的手指，死于败血症。美元五角钱的盘尼西林或磺胺就能救他的命。"

马海德是白求恩到来以前的"唯一一个外国医生"。诺尔曼·白求恩逝世的时候，对每一个人都是沉重的打击。群众的悼念大会强调国际兄弟般友谊的重要性。毛泽东写了一篇文章赞扬白求恩是无私的楷模。

在延安受过西方训练的医务人员，包括马海德，后来"发现"了一种治疗方法，这种方法至少使用了两三千年了——传统的中医药。

药品的另一个来源是在香港的宋庆龄。马海德一直和她保持通信，让她知道根据地的医疗情况，这样有助于她通过 1938 年她在香港建立的"保卫中国大同盟"组织，向世界报道革命者抵抗日本侵略的英勇战斗，以及他们捐助急需药品和医疗设备的情况。

1939 年 9 月，正好是白求恩逝世前的两个月，马海德写信给在纽约的《今日中国》主编曼尼·格兰尼奇，紧急呼吁医疗物资。当时埃德加·斯

△ 马海德与白求恩交谈

诺第二次访问到了延安，信是由他带去的：

给八路军前后方药品，已分配在七月、八月、九月使用，到九月底我们就没有西药了。我们分发在我们药厂用中草药制成的药品，按外国的说法，这只是近似药品，而且完全不够用来治疗老百姓、难民和伤员。

白求恩刚从前线写字条给我说："我有一磅醚，两把手术刀，几磅药棉和纱布。当这些用完后，我不知道将干些什么，为了马克思，行行好！"

我们在这里，在延安提供的中草药制成的药品，无论如何，行行好！

→ 革命伉俪

★★★★★

在陕北的红军中有两个外国人，除了马海德，还有一个红军前军事顾问、德国人奥托·布劳恩，即李德。组织上把他俩安排在同一个窑洞的里外屋。他们俩性格完全不同，李德架子很大，身后总带着一个警卫员，枕头底下总是放着一把苏式手枪。尽管军事指挥上威信扫地，李德还具有作为强有力的共产国际的代表以及作为长征老兵的声望。作为贵宾待遇的一部分，他在延安的南门外，和马海德共住两居室的一个窑洞。

马海德亲切、随和。李德傲慢、脾气暴躁。李德爱上了美丽的李丽莲。她来延安前是广东的著名歌手，灌过一些唱片。李丽莲已和年轻的欧阳山尊结婚了。马海德却不实际地同情两个相爱的人并为们传递秘密信件。他们两人都能用英语写信。最后，李丽莲搬到李德的宿舍，和他住在窑洞的里间，马海德住外间。

李丽莲一直和李德在一起，直到1938年他被第三国际召回，一去不复返，李丽莲心碎了。不久她搬回鲁迅文艺学院，在延安的绝大多数作家、艺术家、从事戏剧工作的人都在那里。李德离开中国后的 1939 年，她和前夫欧阳山尊复婚。

1937 年 1 月 13 日，中共中央随红军总部进驻延安。1939 年冬天，一个八路军女战士鼻子不通气，来找马海德治疗。马海德胡子满腮，穿着灰布军装，打着绑腿，除去高鼻子、大眼睛以外，和一些久经战争忍饿挨冻的红军战士没有什么两样。这位八路军女战士，是鲁迅艺术学院的学员，她一进门来，红扑扑的脸庞，会说话的眼睛，粲然的微笑，如雪地里突然冒出的一枝红梅，将马海德一下子给惊得愣住了。陕北延安四年间，他第一次领教东方女性的魅力。

这名八路军女战士叫周苏菲，1919 年出生于舟山定海县一个以造船为业的豪绅之家，从小出落得亭亭玉立，自然是家里的掌上明珠。民族危亡之秋，她偷偷地跑到上海，成为左翼文化界活跃的"小鸽子"。16 岁便走上银幕，与走红上海的蓝苹（江青）同台演戏拍电影。1937 年 8 月上海燃起战火，她随同文艺团体撤到昆明，因积极宣传抗日，"周苏菲"三字上了国民党特务的黑名单。组织上当机立断，送她上贵阳，走四川，终于到达了西安的七贤庄。在这里，一个大通铺上住了二十多个女孩，都是去延安的。到延安后彼此亲同姊妹。一位姓朱的女孩常与一位姓王的姑娘开玩笑，让王姑娘"坦白交待"她和马海德的恋爱关系，王竭力否认，两人在铺上滚来滚去，逗得众人开怀大笑。边上的周苏菲，从这里第一次知道延安还有外国人，而且从小朱那里知道了那位马海德医生是了不起的医生。但她万万没有想到，她来就医时，正是这个老外，被她身上洋溢着的东方女性的魅力所打动，径直奔向她来了。美丽有无限的诱惑力，这一见面便沟通了爱的源泉。

马海德自然不会放过这天赐的良机。他细心为周苏菲诊断之后，还特意配制了粉红、淡绿两瓶药水；翌日，又用淡绿、粉红两页信笺以歪歪扭扭的中文写了一封额外的信："我衷心希望你能按时很好地服药，早日恢复健康，恢复你那美丽的微笑！"这次看病治病，在双方心里都播下了温馨而微妙的种子。

第一印象充满了敏感与激情，决定缘分的，仿佛正是这第一印象。而爱情之花的开放，则是在1940年除夕的娱乐晚会之后。周苏菲在晚年专文记叙了这段甜蜜的往事——

除夕那天刚吃完晚饭，就听见礼堂里锣鼓敲得震天响，不知是谁在门外叫着快走快走，晚会开始了。我和林兰赶紧提着马扎跟着人流跑去。礼堂里已经挤满了人……舞台中间是大名鼎鼎的马海德医生，他穿着五颜六色的戏装，正在跳加官，这是传统戏剧里过大年才演的吉祥剧目。马大夫脚下蹬着高底鞋，脸上画着大花脸，两只大眼睛闪闪发光……全场像开了锅似的，有的人大声喝彩叫好，有的人拍手称快。当我向前再看时，我发觉毛主席和中央几位首长在第一排的长凳上，也笑得前仰后合。

加官跳完了，观众还不让他下台，他只好憋着嗓子唱了一段《桃花江是美人窝》的流行歌曲，大家被逗得更大声地笑起来。紧接着是京剧团的《打渔杀家》，我对京戏不感兴趣，就到宿舍里去了，但马大夫的精彩表演在我脑海里留下了深刻的印象。

当我们再次回来时，礼堂里已经开始跳舞了，人们双双起舞，我独自一人悄悄地站在大柱子旁边看热闹。一会儿，马大夫带着一个舞伴从我面前跳过去，温文尔雅地跟我打个招呼，他跳舞的姿势美极了，下一支乐曲开始时，他就过来约我，我说不会，他说没关系，便带着我跳起来。最初我踩了他几次脚，慢慢地跟上了步子，跳得合拍而且很有兴趣，一圈又一圈，一直跳到舞会结束。他说今晚不回城里去了，将在肖三那里过夜。肖三是著名诗人，毛主席的同乡学友朋友，也是我们文学系的老师，他一个人住一孔窑洞，在东山上。我们四个系的学生，都住在礼堂后的几排砖窑洞里，我和林兰住一个窑洞，里面有个较小的套窑，住着一位怀孕的李大姐。

我上了床，却无法入睡，我的耳边久久回响着马大夫的声音。忽然，

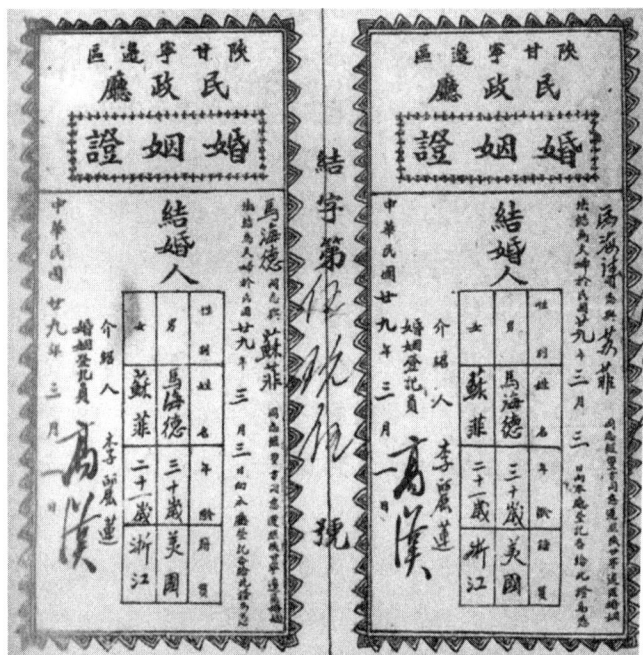

△ 1940年3月3日在延安和苏菲结婚时在陕甘宁边区政府领取的结婚证

　　套窑里的李大姐呻吟起来，原来她临产了……我猛地想起了马大夫今晚住在肖三那里，我和林兰便把邻居的同志们叫起来，然后两人结伴上东山去请马大夫。

　　漆黑的冬夜里，我们翻过了两座山坡，少说也有一两里路，两个手电筒，电池的电也用光了，山里不时传来狼的嚎叫声，我们又急又怕，大冬天，两人都出了一身大汗……东山上所有的窑门都关得紧紧的，不知肖三老师住在哪一孔里，没处询问，也不敢敲门，我急得蹲在地上哭了起来。

　　正在这时，旁边的门响了一声，里面出来一个人，定睛一看，正是我们要找的马海德大夫。我抹抹眼泪，说有个大姐要生孩子了，快救人去吧。他有些犹豫，说他不是产科医生，我不由分说，催他穿上衣服，拉着他就走……到了我们窑洞里，他把闲人都打发走，留下我和林兰给他做助手……黎明前，一个小女婴终于顺利降生在人间了。李大姐高兴得流出了幸福的泪。李大姐给孩子取了个名字叫"集体"。这是1940年除夕之夜我们系里的最大收获……

人们都去睡觉了，我请马大夫回去好好休息一下，他却说："你看天亮了，天气这么好，我们出去散步，看日出好吗？"

我俩出了院门，来到了延河边上，这是我们鲁艺师生晚饭后常来的好地方，但是清晨的情景我却是很少感受的，我发现天边的朝霞，抹着一片红晕，映照着河边上和沙坡上黄色的沙土，很美很美，一夜的劳累，似乎都消失了。

我们沿着延河慢慢地走着、谈着。从当前的生活、学习、工作，谈到了彼此的家庭与身世……我对他了解得越多，心里越是觉得和他亲近，看他是那样的淳朴、可敬、可爱……他夸我的手特别美，像象牙雕刻出来的；又夸我动作敏捷，劝我改行学医；还说我的性格也像人一样美，既开朗又温柔……就在这个晴朗的早晨，年轻的马海德大夫向我倾吐了爱恋之情。他的言词虽然质朴，感情却真挚、热烈，温馨与甜蜜，逐渐充溢着我的心头。当他低头亲吻我的时候，我腼腆且乐意地接受了。就在延河边温暖的阳光下，我们忘记了一切，沉浸在幸福之中。

道别的时候，他说，他马上去向组织请示批准我们结婚。后来，我听说，他骑着马一口气跑到了王家坪，冲进门去找政治部主任王稼祥同志，开口就说他要结婚。谁也没有想到他找的是我，因为他常骑马来鲁艺，有人曾问他知不知道鲁艺有个刚从大后方来的漂亮姑娘叫苏菲。

他说，见鬼，我怎么没有见过呢。结婚后他坦白告诉我，他之所以这样做，是他认为我长得太漂亮了，怕知道的人多了，别人来追求，他就难以成功了。

他认认真真地向组织打了一个报告，只过了两天就得到了批准，我们决定很快结婚，他拉着我一定要去边区政府办理结婚登记。那时在延安，我们都是革命队伍里的人，结婚都是向组织打报告，批准了就行，没有别的手续，但是马大夫认为不够，坚持要去政府登记。那天，他硬是把我拉到边区政府所在的山坡窑洞里，大概叫民政厅。当时在根据地老百姓中间宣传新的婚姻法，要废除买卖婚姻，所以鼓励结婚办理登记。这个登记处只有一张方桌和两条长凳，一个小鬼大约也只有十六七岁，正在那里工作。他一看来了一个高鼻子新郎官要登记，不敢同意，也不敢拒绝，呆了半天，只说让我们在长板凳上坐一会儿，他自己却跑了，又过了好久他进来笑着说："你们登记吧。"于是办了手续，结婚证是用最普通的纸印刷的，上面写着马海德三十岁，苏菲二十一岁，于1940年3月3日登记结婚。下面还有证婚人、主婚人姓名，结婚证上还盖了边区政府的大印。当那小鬼把证书交给我们时，马大夫小心翼翼地接过来，结婚证是两联的，应撕开男女各保存一张，可是马大夫不让撕开，他说我们一辈子也不要分开……

从那以后，他们之间有了"了解"。这一对蓝眼睛与一双黑眸子相恋于延河边，简直热烈得发疯，又疯狂得可爱。每次与苏菲散步回来，马海德总要按西方习俗热烈吻别。开始，女同学们看着都怪不好意思，瞄见他们的身影，便赶快躲开。慢慢见过几次，窥得极端的热情也是娇媚之极致，而且也从远处感受到了那一份甜美与幸福，心里暗自羡慕。以后，估摸两人快回来了，姑娘们竟悄悄地佯装无事，故意踅到延河

△ 马海德、苏菲结婚照片

边，坐在石头上聊天观风景，其中的一道别致风景，就是马海德与苏菲那双方陶醉得天旋地转的接吻。还不到两个月，他们就决定结婚了。

1940 年 2 月底，马海德前往中国共产党组织部申请与苏菲结婚。党组织予以批准。他带着苏菲到边区政府办事处正式登记，领到结婚证书。他急忙给路易打了个电报："结婚了，请寄 200 美元。"他的老朋友和良师立刻照办。这笔钱用来在当地饭馆设宴，十桌，每桌十人。周恩来和毛泽东出席了结婚晚会。这是个快活而热闹的场面。洞房之夜，窑洞里点上了洋蜡烛，机关供给部给他俩发了一床红绸面的新被子，那是当初红军打土豪从老财家没收的，窑洞里一片喜庆气氛，可苏菲躺在床上，坐在炕沿，面临突如其来的幸福，忽然庄严起来：想着自己三个最要好的朋友没来参加酒宴，心里很不是滋味。

这浪漫、甜蜜的爱情，这让马大夫夸耀为"中美合作的早期成果"的爱情，在最初也曾受到少数同志的不解与怀疑。伙伴们反对这桩婚事，倒不是因为她们在投奔延安的路上，曾天真地相约过"不到革命成功不恋爱结婚"，而是因为马海德是外国人，她们怕靠不住，长不了："他家里有没有妻子你也没法调查"；"以后他要回国了，给你丢下一个孩子怎么办？"苏菲的女朋友都反对。她们提出布劳恩的例子。他遗弃了李丽莲。此外，她们坚决反对，无法核实马海德是否在美国还有妻子。

但是这一对年轻人已经决定了。她们劝了苏菲半天，但双方谁也说服不了谁，最后，姐妹们说，结婚那天她们一个也不来参加。所以，结婚这天，她们果真一个也没有来。

苏菲在婚床上越想越伤心，她觉得自己失去了朋友，而朋友们的担忧也不是没有一点道理。而善解人意的马海德，频频为她擦着泪水，诚恳地说："我知道你的心情。对外国人有隔阂并不奇怪，这是帝国主义的压迫歧视造成的，我们可以分开，你还是自由的。"苏菲是幸福的，一个异族血统的男儿爱她竟爱到这步田地，对其已到手的美丽鸟儿甘愿还它最大的自由，这是何等的幸福！马海德的这番话，打动了新娘的心，新娘化啼为笑，一转身扑进了他温暖的怀抱。这时，蜡烛结上了一朵大大的烛花……

→ 白手起家

★★★★★

虽有"统一战线"，国民党统治者依旧加紧对边区的经济封锁。中国知识分子的精英和最优秀的青年依旧络绎不绝地到延安去。而蒋介石一直就认为主要敌人是革命者，而不是日本人。

当时的延安食物匮乏。于是从毛泽东到下面的每个人，人人都利用空闲时间在自己的小片菜园里种菜。马海德和苏菲从一条山间小溪挖了水沟来灌溉他们每天傍晚照料的那一小块地，他因而感到自豪。他们种豆子和小红萝卜。但是，盐、糖和食油供应很少。

学生们不断地想着吃的、谈着吃的。一个年轻人想吃炸鸡蛋想得要命，他买了几个鸡蛋，但是没有炸鸡蛋的油，虽然每间宿舍都有一盏"油灯"，却只不过是在小碟子里注了那么一点点油，里面放一根灯芯，昏暗而无法用来读书。这一点宝贵的油肯定是不能省的。

毛泽东和共产党领导层发动了自力更生的运

动。这个运动卓越、全面，它包括边区经济的各个方面。

为了减轻农民的负担，获得民心，并鼓励他们多生产，实施 25%的减租，把通常农作物税收 50% 到 80% 的极限，减为最高 37.5%。贷款利息限制在月息 1.5%，年息 18%——大大地减了高利的重息。此外，对人口中的大多数贫农予以优惠外，还严厉削弱了农村地主的力量。

早期的土地改革试验，是在严格的自愿基础上组成互助组和农业合作社开始的。根据土地、耕畜及工具的作价以及投入的劳动力的价值给予报酬，这样较富裕的农民和贫民都受惠。到 1943 年，边区 80%的农民参加了互助组和合作社。他们新开垦了 25 万英亩的土地，生产了大量的粮食和一些棉花。

边区并不是完全依靠当地居民供给的。各政府机关、各学校和各军事单位要尽可能自食其力。著名的三五九旅做出了榜样，它承担了开垦延安东南部不毛山区南泥湾的任务。士兵们在没有房子、工具极少、食物很少的条件下，以魄力和独创的精神开垦荒地。到 1943 年，他们开垦 25 万英亩的土地，生产的粮食全旅自给还有余。他们还学会了做衣服，织毯子，做鞋，做桌子、椅子，烧炭和造纸。我们直到现在还在怀念、赞扬"南泥湾精神"。

当地政府建立了炼铁厂、机器厂、兵工厂、陶瓷器窑，还成立了做衣服、织毯子、做鞋、造纸和肥皂等的许多小工厂。到 1942 年底，已经有84 个这样的工厂，4000 多名工人。

共产党实行自由选举和其他一些民主措施，削减政府人员和军费的开支，努力使所有公仆在各个方面和老百姓并肩工作和劳动。边区的上述措施确是一种惊人的发展。走向合作化的基础打好了，而合作化就是中国向现代化发展的特征。

1936 年 12 月爆发了西安事变。虽然民众的情绪绝大多数赞成停止内战，枪口对准日本侵略者，蒋介石却仍然怒气冲天地大骂革命者，而且以他的庞大的军事机器袭击他们。12月初，他飞到西安去，厉声疾呼西北军军阀杨虎城和东北军军阀少帅张学良，催促他们，加紧打红军。这两位司令员都认为他们打错了敌人。军官、士兵以及家乡的老百姓都强烈地要求变革。由此爆发了震惊中外的"西安事变"，而后，国共双方签署了全面停战

△ 马海德工作过的延安刘万家沟村白求恩国际和平医院

协议。

张学良根据协议的条件，把延安让了出来给共产党红军。1937年1月他们从保安转移到了延安，与他们一道去的，有军队卫生部的医疗顾问马海德医生。延安没有医院、门诊部或任何卫生设施。马海德终日骑在马上，背负着一只放药品的背包，到各村、各学校和兵营去。他到处看病，在窑洞里、在大树下、在田野里，他无法顾及环境肮脏、条件艰苦，而且他本人随时有可能被感染的危险。他似乎精力无穷，他骑马、骑自行车，还打篮球。白天他看病之后，还在新华社工作到半夜。廖承志和他建立了一个英文部，接收外电讯给党中央和毛主席提供国际形势的参考资料，定时发播消息，并用英语做口语广播。到了午夜，他们以煮土豆作为宵夜。他的朋友之一沙博理，也是《马海德传》的作者，解释了马海德最终留下的原因："他最初来到红色根据地时，只是一个同情的旁观者，但是上海的生活教育了他，他认为国民党日薄西山，他听了毛泽东的讲话并和根据地会说英语的中国人做了多次长谈以后，他看到这些英勇的中国人虽然被攻击、被赶到遥远而干旱的山区和沙漠的一角，受威胁，穷困，匮乏，但却始终保持生机勃勃的乐观情绪，而最为重要的是他们建设的社会是帮助普通人。"

虽然中国共产党的党员只占人口的很小一部分，但是很多人支持它的原则和宗旨。

他被到处都遇到的英勇的中国人吸引住了，而且是不可抗拒地被吸引住了。他们建设的社会是致力于帮助普通人，领导并教育他们用实际的、切实可行的方法自救。他们在道德上蔑视私有财产、地位，赞扬"爱你的邻人"的责任感。

马海德很多时候都在前线，日本人正在大举进攻。8月，他和一队医务人员同八路军一二九师一道行军。他们正向五台山胡宗南部队驻地进军。

既然有了"统一战线",国民党承诺要供给八路军医药和设备。但是当医生们用大车去取药品时,他们全部所得只是三个小匣子的碘酒和绷带。

到1937年年终,他被召回延安去建立陕甘宁边区医院,并且组织正从外面开始进来的医疗援助。虽然"医院"之名很堂皇,其实开始不过是一排窑洞和极有限的设备。它有三层,第一层是办公室,住院病人占据上两层。

他一生从来没有那么快活过,他感到非常自在,沐浴在互相关心、互相爱护的海洋里。他决定留下来,把中国的事业当做他自己的事业、他的生命。

"医生不能等病人,要去找病人。"这是他一直遵守的原则。有一次,马海德的好友路易·艾黎参加代表团访问延安,在马海德的家里谈到深夜。"一个农民提着盏纸灯笼来到门口,乔治赶紧整理好药包,冒雪徒步而去。他回来的时候咖啡已经煮好。但他还没有喝完第一杯,又有一个人在门外呼唤'马大夫!马大夫!'他又拿着药包走了。他回来的时候我已经睡着了。"艾黎说。

马海德心肠好,为人诚实,而且行医既负责又有效,他还很快学会了点儿当地土语,差不多人人都喜欢他。共产党的高层领导如毛泽东、周恩来、朱德、张闻天等等以及不识字的农民、受过良好教育的知识分子、士兵、老共产党人、妇女、儿童……都来找他看病,他几乎成了全科大夫。

在马海德等人的参与下,1937年年底,延安终于有了一所医疗所和一所医院。医疗所后来因战争需要,扩建成为可以容纳300多伤病员的八路军医院,后更名为白求恩国际和平医院,其后还发展了8所中心医院、24所分院,形成了总计约11800张病床的医疗网。

1937 年以后，由于国民党的层层封锁，医药更是奇缺。马海德向宋庆龄和熟识的海外媒体求助，由于封锁，这些援助不能从根本上解决问题。马海德建议筹建一所制药厂，充分利用当地丰富的中草药进行加工。1946 年，药厂经过七年的运转已经能生产针、片、膏等药剂和脱脂棉、纱布等卫生材料共达一百多个品种。

七七卢沟桥事变后，9 月底马海德随部队前往山西五台山，任八路军总部及一二九师医疗顾问，开展战地医疗服务，还是当时中央出版对外刊物《中国通讯》的经常撰稿人，其间还担任陕甘宁边区防疫委员会的成员，指挥边区卫生防疫工作。1938 年 6 月至 1940 年 4 月，先后担任军委总卫生部、军委总后勤部卫生部医药顾问，并兼任过中央领导同志的保健医生。在缺少医生和医疗设备的困难条件下，他能因陋就简，先建成卫生部直属医疗所，后扩编为第二后方医院（拐峁），1938 年底，又将其扩建成八路军军医院。1940 年迁柳树店改称为白求恩国际和平医院。马海德受宋庆龄的委托，经常向她报告陕甘宁边区军民抗日情况，反映边区缺医少药的困难，通过该同盟争取国际援助。他先后接待过白求恩、爱德华、柯棣华、巴苏华、米勒等外国医生和援华医疗队，协助他们去各抗日根据地开展医疗救护。无论从事哪项工作，他都时刻履行医生的职责，满腔热忱地为军民服务，受到边区政府的多次嘉奖。

所有的外国医生每个月都有额外供应。这包括每人四包洋蜡，每包八支，半斤（约半磅）茶叶，两斤白糖。苏菲每当星期六和星期日回家的时候就给他准备好一个星期的补充，用废纸把自种的土烟叶子卷成烟。

到了星期六晚上，马海德和苏菲带着他们的唱片，从一个舞会逛到另一个舞会，他们成为特别受欢迎的客人。这是一个相对和平、生活安宁的时期。马海德感到非常舒适——星期六夜里的舞会、怀了孕的妻子去和朋友之间开玩笑、在星光下漫步回家。

⊙→ 延安整风

☆☆☆☆☆

这种平静的生活在 1941 年开始受到干扰。抗日战争时期，中国的青年从全国各地成群地加入共产党。到 1941 年，它的队伍从十万人增加到八十万人，而许多充满爱国热情的革命者并不太熟悉政治理论。大多数迁移到解放区的人是农民出身，其他的主要是学生和城市知识分子。在和强大的外国侵略者作战的时候，共产党和国民党保持了靠不住的统一战线。国民党派遣大批的特务到解放区和延安来。这是一种微妙的局面，需要有才智的人去敏锐处理。每个人必须对目的、理由和方法弄得一清二楚。

中国共产党中央委员会决定举行一次"整风运动"——在全国各解放区举行一次教育运动，从西北边区开始。最初运动集中在这样一些问题上，诸如理论联系实际、互相合作、学习一切有价值的学问——古代和现代的、中国和外国的。

但是在疯狂的康生的领导下，整风运动迅速堕落成为一种以莫须有罪名进行的政治迫害。在延安，每个星期日举行一种"抢救运动"的秘密会议。苏菲所在的三十人的话剧团体中，只有她和一个男子逃避了1943年的"抢救"，苏菲的情况是因为她幸运地怀孕，反应很厉害，不能参加。

苏菲所在的团体，对她大肆辱骂。她又一次因为嫁给马海德而受到攻击。马海德听说发动这些诽谤的不是别人，而是康生，因而感到震惊。但是为什么从苏联回来的康生，一个马克思主义者和见过大世面的人，会有如此肮脏的思想？马海德深感受到了侮辱，迫使他第一次清楚地认识到，并不是所有的中国共产党领导人都有同等的气量。但他继续像往常一样去诊所和医院。

"抢救"的结果是乱成一锅粥。学校和学院关闭，政府各机构瘫痪，工作停顿。最后，到1945年实行"甄别"，必须断定谁是谁非，什么是什么不是，一切罪名要重新核实，几乎所有的罪名全是捏造。

毛泽东召集大会，在大会上宣布被指控者是无辜的。他向数千与会者道歉并深深地鞠躬。他希望"整风运动"不会使他们改变对中国共产党的态度。

马海德坚信不移。不论是康生还是整风运动的过激都不能动摇他的信仰。毛泽东自己在公开的大会上承认党犯了严重的错误，并且为此道歉。这在马海德看来，不仅证明毛泽东是个伟人，也证明共产党是一个诚实的政党。马海德认为，以毛泽东的世界观与洞察力为基础的党的原则是有道理的。

在中国人民中间，毛泽东是每个人的毛泽东，他肯定也是马海德的毛泽东。马海德毫无保留地尊敬他、崇拜他。正因为他是中国共产党的领袖和智慧的源头，马海德完全信任党。在当时和后来他都是毫不犹豫地执行党的命令。即使政治上的决定对他来说似乎是不可理解，他也认为是由于自己的无知，而不是领导有错误或者决定不适当。

幼马在 1943 年 11 月出生，出生时只有 5 磅重。"幼"即"小"，和"马"这个字连用，意思是"小公马"。在爱用双关语的中国话里，"幼马"就是"小公马"或"小马"，是马海德的儿子的理想名字。

每天傍晚马海德从医院回到家，洗尿布，给孩子喂牛奶用的空药瓶消毒。马海德虽然烟瘾很大，作为一位大夫，总不能在医院里嘴里叼支烟卷。回到家他就非常想深吸一口烟，但是他得遵守他自己贴在所有门窗上的"禁止吸烟"的规定。于是马海德就得站在门外，一方面非常愉快地喷着烟，同时站在门槛另一边的苏菲得回答他提出的带医学性的问题，于是苏菲举起婴儿隔着一些距离让他视察。只有在抽完了香烟才能进屋。

→ 新华社最早的外国专家

☆ ☆ ☆ ☆ ☆

　　自从 1936 年到保安，八年来马海德很少遇见美国人，所遇见的绝大多数都是倾向于支持中国革命者的。现在到了 1944 年 7、8 月，美军为了解救轰炸日本的被落在解放区游击队地区的美国飞行员，派来了美军观察组也叫"狄克西使团"。美军观察组的两个小组来到延安，由十八个人组成。他们以前即使碰上过一名中国共产党人，那也是绝不会认出来的，但他们都有极大的好奇心。

　　1937 年抗日战争开始之后，马海德担任卫生部顾问，还担任中央军委外事组的顾问。最令马海德兴奋的是 1944 年由 18 人组成的"狄克西使团"的到来，因为他们都是典型的美国人。美国军事观察组也是为了和中共建立联络以便搞清楚中共战斗部队的能力和潜力。

　　1944 年 4 月至 1946 年 1 月，马海德在延安中央外事组工作，接待过许多来访外国记者、外交官和军人，包括 1944 年 7 月驻华美军司令史迪威将军派驻延安的美军观察组，并担任该八路军中央军委外事顾问。他结合亲身经历向来访者宣传中国共产党的抗日主张及政策，争取他们的了解和支持。

美国军事观察组之所以来到边区，是因为华盛顿决定和中国共产党建立联络，以便搞清楚中国共产党战斗部队的能力和潜力并解救美军飞行员。

美军观察组的第一部分人员在1944年7月22日从重庆飞到延安时，毛泽东和朱德到机场迎接。一共到了九人，其他九人是8月7日到的。包瑞德上校领导整个十八人观察组，几乎所有的成员都是军事各个方面的专家，包括两名政治和情报官员谢伟思和卢登，两位都是美国在重庆大使馆的二秘，两人都属于中缅印司令总部参谋部。八路军参谋长叶剑英致欢迎词，马海德担任翻译。但是他只翻译了几分钟，后来他不得不放弃了。他应付不了词藻绚丽的礼仪词。在以后的几个月里，他们在一起度过许多时间。他们在一起唱了许多歌，喝了美军的许多酒。马海德和几个组员成为很好的朋友。

观察组的成员经常到马海德住的窑洞去看他，他们带着收音机，因为要收听美国新闻广播和球赛，马海德不断地向他们提问，他发现自己原来是这么渴望这些精神食粮。他们使他想起自己原来的文化，激起了他的思乡病，也使他知道现今美国的生活和发生的事。他后来跟他的朋友沙博理说："我觉得和他们建立起了一种温暖的神交。"

而对于那些美国人来说，他们很好奇有关马海德的一切。他们中绝大多数人不能理解，为什么当他能在北卡罗来纳州家乡喝到加了糖和薄荷的威士忌酒，还能追逐姑娘们的时候，却跑到这么个"荒野地"来。

"我来是因为我对他们正在进行的试验感兴趣，我想知道这一切是怎么回事。有人叫他们'共产党'和'赤色分子'，可能是，我不知道这些。我所知道的，就是这里的人过的生活比在蒋介石统治区的人过的生活好得多。"马海德说。

马海德建议观察组的人自己去看："你们所要做的一切就是询问。"他说，"可能你们认为我们这里是在演戏。好吧，我们总不能到处都演戏。"

马海德认识到自己既是美国人，又是中国人，这并不互相矛盾。这一思想对他日后的生活产生了极大帮助，不仅仅是他，还有他周围的外国友人。在他的一生中，他没有要把全世界变为赤色的使命，而是利用自己独特的身份促进美国和中国间的相互了解和友谊。

马海德没有多谈共产主义。在美国，恨中国的人群力量不小，而且他得保护他的家族。

马海德和美军观察小组的成员在一起度过许多时间，在医务工作上帮助他们。在延安的美军观察组组

△ 1944年马海德和毛泽东在延安机场合影

△ 1944年马海德在延安机场与美国军人合影

长包瑞德上校喜欢上马海德了，马海德也喜欢他。包瑞德是个严肃的职业军人。1970年在伯克利的加利福尼亚大学出版的他写的关于美军观察组的论著中，这位上校对马海德颇有好评。

1944年11月7日，另一个美国人到了延安，包瑞德对他的印象并不好。他是帕特里克·丁·赫尔利少将，是美国总统的特使。赫尔利于11月7日带着共产党给国民党的建议飞回重庆。赫尔利最初是支持共产党方面的，但是很快转为偏袒国民党。他在11月17日被任命为驻华大使后更是变本加厉。双方的谈判也以失败告终。

美国观察组的到来，标志着友好的美国人同情高潮的开始。马海德尽一切可能在美国观察组的成员和访问延安的其他美国人中间培养这种友好关系。马海德是中国共产党党员，但在许多方面他仍然是个美国人。他要中国人喜欢美国人民，同样他也希望美国人喜欢中国人。

毛泽东使马海德想通了。他请来了马海德、黄华和陈嘉庚专门谈了一次话。他向他们强调，美国政府的行动和美国人民之间，美国高级官员、高级军事将领和一般官员以及士兵之间是有区别的。"我们绝不

△ 马海德（前排左三）同中国工作人员与美军观察组全体成员在惠特塞纪念堂前合影

能模糊这些区别。"毛泽东说。

马海德一直记得这次谈话。他知道中国共产党不会因为一个外国政府的行动而反对那个国家的人民。但是听了毛泽东自己说了这番话，他才放心、安心。

当谢伟思突然接到命令让他回美国时，他出于好心问马海德是否要带信给他的家人，马海德交给他一封信连同几张照片——他的家人从未见过的苏菲和幼马的照片。马海德的兄弟乔在美国陆军服役，他在华盛顿从谢伟思手里拿到这封信，一再受到他上面的军官和联邦调查局的询问。

这些信还是到达了目的地。马海德的家人得到极大的安慰，因为证实了他确实还活着。不仅活着而且幸福地结了婚，还有一个活蹦乱跳的男孩子。通过还留在延安的军事观察组的人员，马海德知道信已经送到了，他心里很感激。

军事观察组的人还在其他方面帮助了他。马海德天天和美国同胞在一起，其中绝大多数人和他年龄相仿，他们之间建立起一种温暖的神交。

1936 年他从上海寄了一封信给他的兄弟乔。充满了自我忧伤感，他告诉乔他要为他订《新群众》和《工人日报》。他要把乔改宗，把他转变为马克思主义者，像他自己那样。

乔狂乱地写回信道："请别这样，那太可怕了。我将永远不能在这南方生活下去了！"

马海德感到困惑。他想："我在这里要想当一个能改变人民生活命运的革命者，而你们大家想的是钱。"他回了乔一封别扭的信，问他："你要当一辈子的奴隶吗？"

马海德想起这件事就觉得不安，现在他知道了他和美国以及美国人的关系应该是怎样的，而他在中国和中国人在一起却非常自在。

赤胆忠心

→ 进入北京

★★★★★

日本投降的那一天——1945 年 8 月 15 日，抗战胜利日，毛泽东就中国的当前局势发表演说，像往常一样引用了很多古典文学的隐喻。

"在过去的八年里，我们和蒋介石换了位置，"他说，"以前，我们在山里，他在河边。抗日战争时期，我们在敌后，他上了山。现在他从山上下来了，下来掠夺胜利果实了。"

现在日本投降了——主要是由于人民和他们的军队、游击队，曾付出很高的代价换取来的——蒋介石集团就争先恐后地回到人口稠密的地区，去接收日本交出来的武器装备和领土，以免落入共产党之手。

为了争取时间，使蒋介石的军队得以到达接收的地方，华盛顿使用了两面策略。1945 年 8 月，赫尔利大使飞到延安，接毛泽东到重庆和蒋介石谈判有关成立联合政府的建议。谈判拖延了四五十天，最后没有结果而告终。

同时，在 8 月 10 日，史迪威的后继者、驻中国的美军司令魏德迈将军受命帮助国民党接受日本投降并占领日军侵占的所有地区。四天以后，太平洋盟军最高司令麦克阿瑟将军发出命令，制定蒋介石政府为唯一有资格在中国大陆（除了满洲）、台湾和印度支那北纬 16 度以北接受日本投降的代表。

同时，美国空军和海军忙于运输 50 万国民党部队到华东和华北去控制尚在日本控制下的各大城市和交通线。5.3 万名美国海军陆战队士兵在华北沿海的塘沽、秦皇岛和营口登陆，从这里去占领北京、天津、开滦煤矿和北京到山海关的铁路，然后把这些地方交给国民党。

马歇尔到中国是在 1945 年将近年底。他在北京的协和医院设立了一个"军调部"，由美国、国民党和共产党的三方面军事人员组成，在敌对的中国派别之间实行不稳定的"停火"。不论什么时候发生了冲突，代表三方的小组迅速赶往现场，恢复平静。

马海德和苏菲搬到延安的王家坪，和毛泽东、杨尚昆住在一个院子里，马海德被任命为军调部内中国共产党观察组的医务顾问，乘美国观察组的定期飞机往返于延安和北平之间。有时他带久违了的冰淇淋回家，苏菲几乎和他一样爱吃。

1946 年 3 月，国民党公然拒绝共产党和其他民主党派提出的妥协方案，马歇尔承认"调停"失败，美国急剧增援蒋介石政权，准备全面内战，组成了一个美国军事顾问小组，帮助国民党加强军事实力。

但是毛泽东还是没有直言谴责美国，他说——而且这是中国共产党的一贯立场："我们反对美国政府支持蒋介石反对共产党的这种政策，但是首先，我们要把美国人民和他们的政府区别开；其次，在美国政府内，要把决策人和从属人员区分开。"

他发现这些人里绝大多数是正直的，而且赞赏解放区所做的一切。

另一方面，国民党私自吞并在黑市出售本应给有病、贫困者的医药物资，违反了这些美国人公平合理的意识。联合国善后救济总署的六百名工作人员签署了一份措词强烈的抗议书，成为世界头条新闻。

许多负责处理救济物资的美国人给予解放区很多帮助。同时有许多其他美国人也是公平的。较低级的联合国善后救济总署的官员，一旦知道了中国的现状，就很友好。而各种卫生和福利的代表团的领导人，诸如后来在世界卫生组织工作的迈克·萨克斯大夫，领导在中国的联合国儿童紧急救助基金的莱奥·伊洛艾萨大夫（是四位世界胸腔外科先驱之一），鲍伯·勃顿和吉姆·格兰特，当时是联合国儿童紧急救助基金的头头，以及赫伯特·艾布拉姆斯大夫都对人民军队大力帮助，直到解放。赫伯特·艾布拉姆斯告诉马海德关于他自己在这方面的经历。

1947年初，军调部永久地结束了。马海德于3月回到延安，这时候国民党军阀胡宗南带领23万部队从两翼进攻延安。共产党在整个西北只有约2万战士。数量上十比一，他们决定撤出延安。1947年3月撤出延安，蒋介石叫嚣最后胜利就在眼前。然后，国民党在华北节节败北。这时候共产党军队已称人民解放军，于1948年4月收复延安，据失守后一年多一点。

但是在准备撤出时，和毛泽东一样乐观的人很少。凡是不能带走的东西都要坚壁起来或毁掉。孩子们把玩具埋起来。马海德的儿子幼马把他们的刀叉也埋了起来，他们将来得把这些东西再挖出来。

大队人马在黄昏时蜿蜒前进出了村，以为天太黑飞机不能来，但是国民党一队战斗机飞得很低。马海德离开苏菲和两个小孩，在行进队伍里来回跑组织队伍，告诉人们如果敌机来犯，他们一定要紧贴路旁的峡谷或沟沟的边缘，紧抓住牲口不放，免得它们脱缰。

撤离延安后马海德到了外事处工作，他还在新华社帮忙把新闻改

△ 1946年北平军调处执行部的中共代表团的叶剑英（左一）、罗瑞卿（右一）、马海德（右二）、黄华、李克农、苏井观、柯柏年（后排自右至左）与美国洛克菲勒基金会代表团合影

写成通顺的英文，发给报纸和电台用，并且把收听到的英文广播口头翻译成中文。

苏菲参加了共产党在邻村实行的土地改革。马海德从她那里听到许多关于土改的事，农民一个接一个地上前去倾诉地主的残忍——因为少交了一点点租子，农民被活活打死、把女儿卖去当丫头、妻子被霸占……这些深深地震动了马海德。

此外，这些土改运动证明普通人能自由地说话，八路军来了要待下去，人人将公平地得到一份土地并保有它。农民的回报是极大的。这是他们祖祖辈辈的梦想——确确实实有他们自己的土地，不是花钱买的，清楚明白。于是，他们实心实意地跟着共产党政府走。

1947年，中共中央委员会和毛泽东搬到河北省西柏坡。马海德几乎所有的时间也都在那里。他只是偶尔给病人看病。

但是人民解放军向前推进，占领了国民党军队匆匆撤离的城市石家庄。这是人民解放军占领的第一个大城市。马海德会见了当时代表联合国紧急救助儿童基金的著名的美国肺外科莱奥·伊洛埃萨博士。马海德使用一定份额的物资，特别是药品，用于解放区的老百姓和人民解放军。

幼马从来没有看见过带弹簧垫子的床。他们在石家庄过第一夜，他睡在中间，马海德和苏菲睡在他的两边看书。这个5岁的孩子兴奋得睡不着，不停地在弹簧垫子上跳上跳下，大叫大笑。他觉得非常好玩。苏菲怕他吵扰邻居，就把电灯关了。

三大战役摧毁了蒋介石军队的大部分。在52天时间内，人民解放军解放了整个东北，47万国民党军队丧失战斗力。人民解放军自己增加到500万人，第一次在数量上占优势。

然后，在1949年1月，人民解放军一鼓作气占领天津和北京，占领天津只打48小时的仗；傅作义已认识到局势对他毫无希望，北平和平解放了。这样人民军队又吸收了以前是敌人的另外50万士兵。长江以北的这个地区这时候都在共产党的控制之下了。

→ 第一个加入中国国籍的外国人

★★★★★

    1949 年 1 月 31 日，第一支整洁、微笑着的人民解放军年轻战士的队伍通过北京西北的西直门轻快地进入北平。

    马海德和苏菲还在石家庄，但不住在一起。幼马留在马海德的身边。马海德在以后几天同军事总部一起进入北平，在这之前他在曾经是清朝慈禧太后的御花园的颐和园里度过了轻松愉快的一周。刚一进城，马海德和幼马住在哈德门里的德国饭店，旁边是一个白俄开的食品店，那里有幼马从没见过的美味糖果点心，此时老板会拿一把糖给幼马和身边的穿军装的人。

    刚进城时，所有军人和文职人员都实行实物供给制。那就是发给食品、衣服和住房，发一点现款用作车费等等，没有工资。

    经历了陕北的艰辛生活之后，北平似乎象征着中国文化的实体和永久不衰的美。从北平可以

△ 50年代初期马海德和苏菲以及儿子幼马在北京

预见新的思想将得到加强，并且存在下去。他深深相信，解放了的中国人民定会创造一个不仅可以与旧中国媲美并且将胜过旧中国的新中国。

1950 年，马海德成为第一个申请而且得到批准成为中华人民共和国公民的外国人。马海德现在自认为是个彻头彻尾的中国人了。但是并非所有的中国人都持这一见解。几个星期以后他们被安顿在弓弦胡同的一栋房子里，他们又在一起成为一个家庭了。这栋房子本来是战犯杜聿明的。卫生部征用了这栋房子以及一些精美的硬木家具，这栋房子不坏，但是邻居很吵闹。

因为中央卫生部搬到后海北岸，马海德一家也就搬到了后海北岸这个美丽的地区，允许他们带走那些硬木家具，多年后马海德以很低的价格从卫生部购买了这些家具。这里一度是一个满族贵族的住宅，也是卫生部的财产。它是一所传统的四合院，平房，瓦房顶。建筑物坐落在院子庭院的四周。

他们全家人以及姓王的年轻勤务兵一起打扫、洗刷、清理。过了几年，当叶剑英任北京市长时，维修了他们的住房。后来叶剑英命令要把房子修理得适合接待外宾，此时外宾已经开始不时地拜访马海德了。

1949 年解放军刚开进北平那会儿，城市的情况糟糕透顶。长期无人清除的垃圾，沿着城墙根儿堆积成山，已和城墙一般高了。厕所也少得可怜，孩子们就在城市的上百条土胡同里随处大小便。各处物品，吃的用的，全都短缺，黑市猖獗，盗贼横行。

但是用了不到三个月，奇迹发生了。九十天内，二十万吨垃圾清除掉了。庭院也都扫得干干净净，家庭妇女组织起来后，把胡同也整理得清洁起来。一些原来以外国文字命名的街道都改成了中国名。

人民政府发行了新的货币，这种货币的价值和实物相联，如小米、食油、棉制品等，而这些基本必需品的价格是严格控制的。这样，通货膨胀逐步得到控制，价格也平稳了。

北平是最富中国情趣的城市。它的氛围是既典雅又透着权力的堂皇，点缀着文物古迹。

在马海德眼里，北平是他一生从未见过的神话故事里的世界。新政府面临的是百废待兴的局面。一百多年的外国侵略和内乱使中国的经济千疮百孔。煤炭、钢铁的生产从解放前1943年的最高点猛烈下跌。粮食生产下跌了四分之一，棉花则下跌了一半。多年失控的通货膨胀，国民党对于天灾的麻木不仁、无所作为，已经使绝大部分人民极度地愁苦绝望。西方大国特别是美国认为中国的新政府不过是短命的蜉蝣，甚至拒不考虑予以外交上的承认。盘踞台湾的蒋介石则宣称他要在两年之内，重返大陆。

人民解放军进入北平后一开始就没收了蒋、宋、孔、陈四大家族的财产——蒋介石、他的妻弟宋子文、与蒋夫人之姐结婚的孔祥熙以及CC系，这些都是"官僚资本家"，即高级官僚利用权势把政府的财产和收入变成他们的私人资本。四大家族的财产变成了国有企业，为中国的社会主义工业化打下了基础。

帝国主义通过不平等条约强加于中国的治外法权和大部分其他特权，在第二次世界大战中名义上已经取消，日本产业在日本投降后也已被接管。

农村经济改革是解决国家积弊的基本方法。中国居民的百分之八十是种地的或从事与农业有关的生产。只占农村人口百分之十的地主、富农占有耕地的百分之七十。贫农占人口的百分之九十，只能在其余的百分之三十的土地上勉强活命。这种情况使大多数的贫雇农永远欠地主的债，而地主阶级是中国历史上一切压迫政权的脊梁骨。最后的压迫农民的政权就是国民党政权。

→ 参与解救妓女

★★★★★

　　卖淫是一个医学问题又是一个社会问题，是能够解决而且取得了成效的。消灭卖淫的计划是在人民解放军进北平以前就已经制订好了，马海德被委任为卫生部的参议，任务是协助组织一次消灭性病的运动。性病最大的传播源是妓女，理所当然马海德就参加了封查八大胡同——旧北京的红灯区的行动。

　　这项计划是绝对保密的，马海德虽然在个人生活上很随意，但是在这类大事情上，他严守纪律，甚至苏菲也一点不知道。这是人民解放军采取的军事行动。午夜时分，男女干部带领全副武装的解放军战士包围了八大胡同，突击进入妓院，随后进去的是医生和医务人员。

　　这些妓女很多都染有性病。后来她们治愈后都被政府妥善安置了。不少人到了别的城市做了纺织工人，组织了家庭。

而那些罪大恶极的老鸨和部分嫖客则被政府依法镇压了。马海德恨恨地说："该枪毙更多的这样的坏人。那些姑娘其实大多数还是孩子。"

在袭击妓院的次日，马海德才带着苏菲去看过去的妓院。他是党员，他的一生从来没有由他嘴里讲出有关中央领导和他任何病人的病情、病况，他说这是作为一个医生最起码的。

1949 年解放军开进北平后，说英语的外国人多起来了，大家喜爱的聚会点是"烤肉季"。这是一所有 300 年历史的古老的木结构房子，楼上有阳台可俯视什刹海。它曾经是慈禧太后和年轻的满洲王爷们晚间溜出紫禁城的王府去游乐的好去处。他们带上女友在此喝酒、进餐，在晶滢滢的水边对月赋诗。

此处最引人的是烤羊肉或烤牛肉。先把切成薄片的羊肉、牛肉，在酱油、姜汁中浸泡一会儿，然后放在巨大的铁盘上烧烤，铁盘下是散发着香气的烧得通红的松木。然后把烤好的肉片，塞进芝麻烧饼，这种满洲三明治就着大口啤酒吃下去，真是美味无比。

马海德喜欢吃肉，烤肉季离他后海的家，步行只要十分钟。过一两个月，他总要找个借口，邀请爱吃的老友艾黎、米勒或来华的外国人，他们中也有带着中国丈夫或中国妻子,高高兴兴地围着桌子参加他的"生日"聚会。

在北平的西方人从事各种不同的工作，住在北平东、南、西、北城，到这里来为的是能聚在一起，说说笑笑，由马海德做主持人，啤酒敞开喝，聚会理所当然只是为了欢快。

但这种幸福生活并没有维持多久。

→ 消灭性病

★★★★★

　　上世纪 50 年代，中国从政治和经济体制、国家经济建设到文化和社会生活的方方面面，处处都有苏联的影子。这种倾向在医学方面也十分明显。马海德不得不重新学习，学习俄语，当时的医药参考资料，药名全是俄文的。马海德认为完全依赖某一个国家的医学知识很不明智，但他无法表达意见，因为他是个美国人，他的某些同事认为他有大国沙文主义的偏见。不过，他在与苏联专家的意见有很大分歧时，他还是要说话的。

　　1953 年，马海德被任命为以治疗梅毒为主的皮肤病与性病研究所的副所长和顾问。当时，由于梅毒的传播，少数民族地区的人口出生率大幅下降。苏联医学专家认为，验血是检查性病的唯一可靠的方法，但要对分散居住的千百万人都进行备注检查，马海德和他的中国同事们知道是不可行的。马海德建议派遣医疗小组到少数民族地区，培训当地的医务工作者，再让他们去教给当地居民，并说服他们出来接受检查和治疗。然而项目进展并不顺利，于是马海德建议准备一个包含 10 个问题的调查表，由当地积极分子呼吁所有的成人填写。这些问题涉及到梅毒可能出现的各种症状，从答案就可看出是否染病或者有无传染可能。这种"群众路线"在探查性病中起到了神奇的作用。

△ 1954年12月，马海德与中央皮肤性病研究所举办的第一期少数民族地区性病防治工作干部训练班学员合影

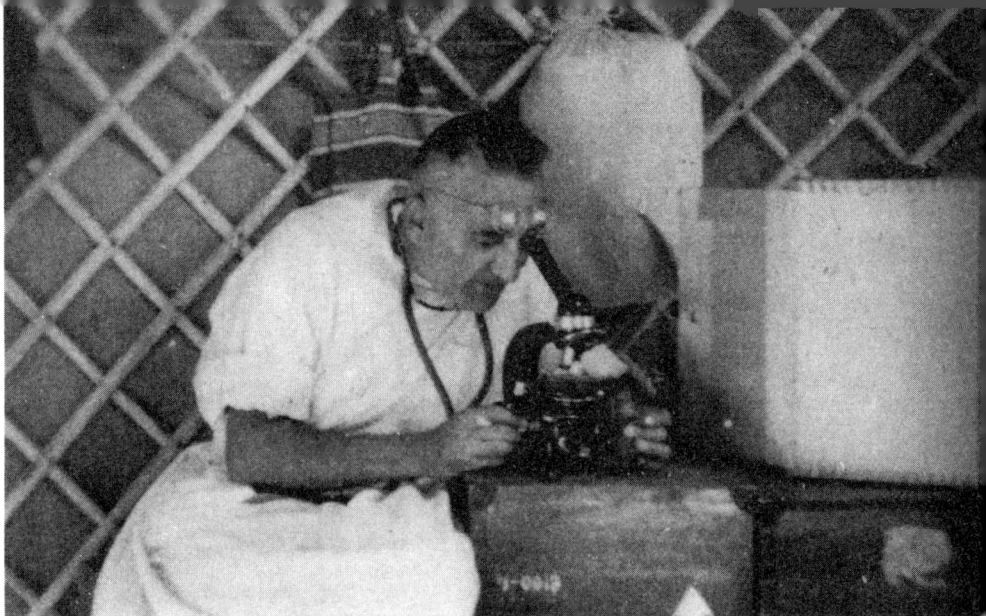

　　在药物使用上，马海德也不同意按照苏联专家提出的治疗时间长、花费极高的方法。他主张只用青霉素，而且只用十天。但他并不强迫别人同意自己的意见，他希望进行试验，比较效果。最终的结果表明：苏联的治疗方法的确费钱费人力，还要大规模集中进行，中国负担不起。在整个50年代和60年代的头三年，每年医疗小组都要到少数民族地区去两次，一次三个月。除了台湾和西藏，医疗小组几乎到过所有的少数民族自治的地区。从1954年开始，马海德每年都需六个月带医疗研究小组进入内蒙古、青海、甘肃的少数民族农牧区，对两三年前所实施的短期青霉素治疗的效果进行复查。要在广阔的草原上找到并重新检查所有经过治疗的牧民，极其困难，因为他们总是

在不断迁移。但马海德坚持要求见到每一个患者，医疗小组时常为了寻找一个以前的病人要跑几十里路。

环境的恶劣也给研究工作带来极大的困难。有一些地方，水很不清洁影响血浆试验结果的可靠性。有些地区没有电，无法使用电子显微镜查找是否有梅毒的螺旋菌……马海德从不为这些困难所烦扰，他总是能想出好办法，比如用沙子过滤水以起到清洁作用，

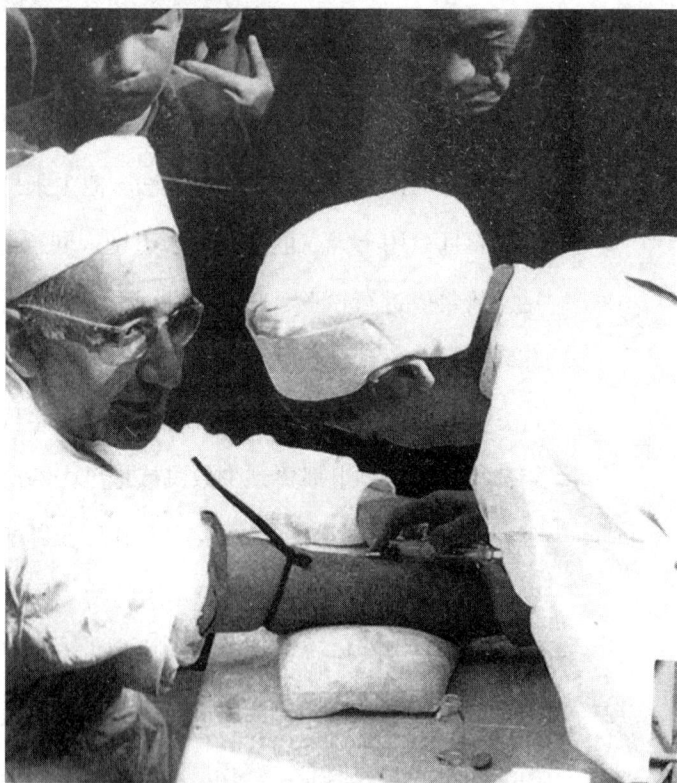

△ 为消除牧民对抽血化验的恐惧心理，马海德亲自为牧民实验抽血

△ 马海德与牧民在一起

在显微镜上用电池也能看清螺旋菌。他利用一切方法，但他仍严格要求结果必须准确。和在延安的艰苦生活一样，马海德得了胃溃疡，牙齿也不好。他从来不抱怨，他和男同事们睡在一样的坚硬简陋的土炕上，吃一样的极不好消化的粗粮。当疲乏已极的年轻医务人员进入梦乡，他却常常为了工作而彻夜不眠，但是次日清晨他和大家一样，欢快地忙来忙去。这样艰苦的生活，很少有人志愿去第二次，但他却次次都去。每次巡回结束，马海德都又黑又瘦，总要到医院去治胃溃疡，还要拔掉一两颗坏牙。1964 年，中国庄严地向世界宣布中华人民共和国消灭了性病，当时马海德的胃已经被切除了四分之三。

马海德早就发觉，如果医生对病人体贴，能安慰病人，病人的康复就会快些。著名戏剧家黄宗江称马海德为"世界最伟大的精神镇静大夫"。黄宗江几年前血压有点高。但是每当马海德给他量，总是正常。黄宗江还声称马海德对于在这世界上度过最后时光的临终者，也起到安抚作用。

黄宗江回忆道："我的姐夫赵丹是先驱电影演员，他在北京医院，已是癌症晚期。那天我正陪他，老马来'串门'。不管在哪家医院他的做法是好像他碰巧来看看。他非常随便地同病人聊天、开玩笑，即使是病危者也不觉得自己就要死了。或者就是知道，也只是把病危看做是到别处，无疑是更有意思的地方去走一趟。算不了剧烈的变化。"

北京医院吴蔚然院长那一天也在场。赵丹已经有好几次病危，只是每次都挺过来了。吴院长在离开病房时对马海德说到这一点，马海德说："多么强烈的生的意志。"

他和黄宗江一起走出大楼。黄宗江知道马海德不久前也病得很厉害，他肚子上开了刀，缝起来十分困难。黄宗江问及此事，马海德只是微笑。他说："是有这么回事。他们一切都准备好了，送我归天，连悼词都写好了。但是马克思在天之灵，不肯收留我。他说，'老马，你在下面，在中国干得不错，干吗不再多待一会儿'……"

逆境不屈

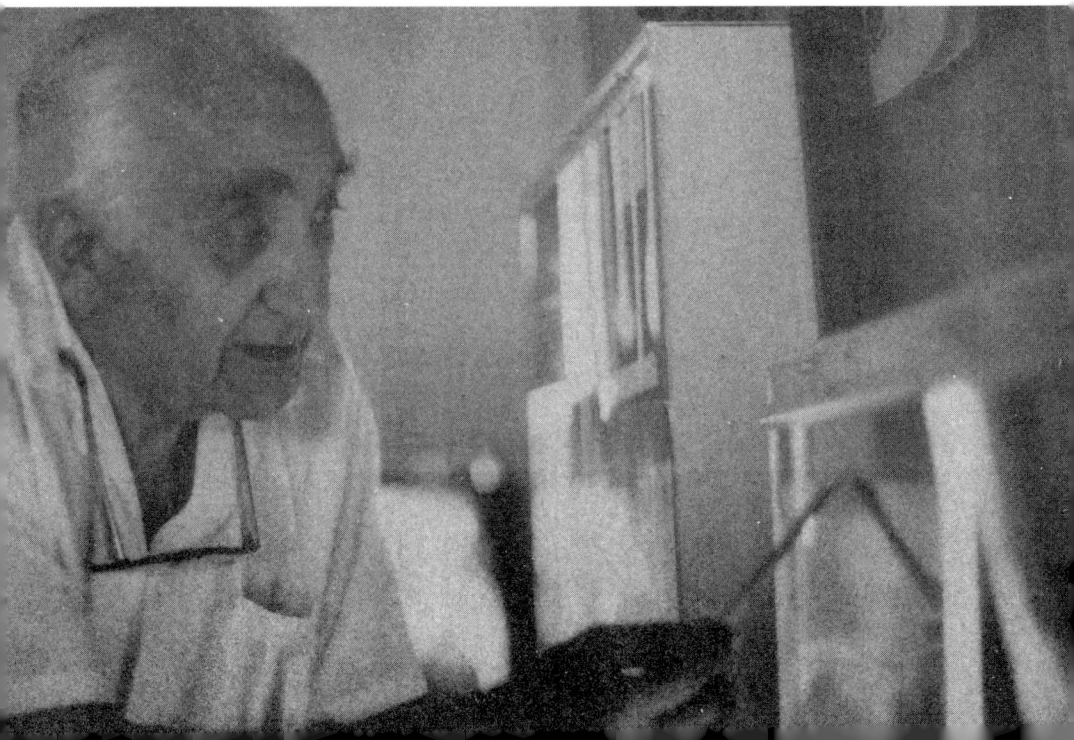

→ 乍暖还寒

★★★★★

马海德虽然很亲中国，但他很想让美国也被中国喜欢——更确切地说是应当使其所作所为能赢得中国的喜欢。

1949年中华人民共和国成立后一两年，仍然还保留了一点对美国的感情。美国士兵为打败日本作过战，牺牲了性命。美国从来没有像其他西方殖民主义强国那样占领过中国一片国土。在新政府成立后不久，美国对与中国贸易有一些兴趣。马海德宴请过戴维·德勒克，他是一家美国大企业的代表，来试探向中国出售钢铁的机会。

但是在1950年，中美两国士兵开始在朝鲜互相残杀，美国飞机开始轰炸中国的城市——除了常规炸弹，据说还掷了细菌弹。到1953年战争结束，中国对美国的态度已有了剧烈的改变。

马海德说：“该挨枪弹的就是那些混账东西，而不是许许多多无辜的年轻人。首先，如果不是大企业要借此机会赚大钱，美国就不会到朝鲜去。”他对美国入侵越南的看法也是这样的。这是他和朋友们经常谈论的题目。他们认为华盛顿要想当世界警察，纯属傲慢自大。当威斯特莫尔兰将军高声吼叫：“我们要把他们炸回到石器时代去！”马海德简直暴跳如雷。“威斯特莫尔兰这种蠢货从来没有脱离过石器时代，他们的智力是属于猿人阶段的。”马海德怒斥道。

对于 1958 年的人民公社和危害无穷的大跃进，马海德没有异议。如果马海德有什么保留意见，他从没公开表示过。

对于中苏两党之间关系不妙的谣传，使当时所有居留在中国的外国人感到困惑。

中苏两党间的矛盾在 1956 年赫鲁晓夫在苏共二十大揭露斯大林错误的秘密讲话之后就有了迹象。这份报告不知怎的，立刻就刊登在《纽约时报》上。赫鲁晓夫指控斯大林是个“迫害狂”，他沉溺于“大肆镇压与制造恐怖”，他是个“罪犯，……土匪……白痴……笨蛋”。

中国在两篇社论里，坚决而有礼貌地对这种评价表示怀疑。社论说，斯大林确是犯了严重错误，批评他是正确的。但是斯大林的功劳超过了他的失误。不管怎么说，苏联在斯大林的领导下，建立起了坚实的经济体系，打败了希特勒纳粹匪帮。斯大林也对马克思主义的理论做出一些贡献，坚持了工人阶级的统治。为什么要全盘否定他？在北京，斯大林的照片仍然是放在通衢要道上，斯大林作品的译本在全国都可买到。

1957 年在莫斯科召开世界共产党会议，发生了第二次冲突。中国明显认为这次会议很重要，因而由毛泽东亲自率领代表团去参加。苏联代表以其特有的"谦逊"赞美刚闭幕的"辉煌"的二十大之"伟大的结果"，重申对斯大林的攻击，试图在这次会议上，匆匆通过一项肯定二十大赫鲁晓夫塞进去的苏联式的"和平过渡"。

1959 年 6 月莫斯科单方面废除了两年前签订的技术军事援助条约，拒绝提供协议规定的原子弹的样品以及制造原子弹的技术资料。

中国人决不会屈服。他们发表了平心静气的、说理的声明，坚持自己的原则立场。至此，对他们来说"老大哥说了算"的时代已经结束了。

赫鲁晓夫大为恼火，7 月，他突然中止了根据《中苏友好同盟互相条约》签订的全部合同，取消了 257 项科技合作项目，召回全体 1390 名苏联专家，命令他们带回一切图纸。后来，中苏边境发生事件，有人在新疆煽动骚乱。

苏联的背信弃义在中国留下了新开工的和半拉子工程，从某方面说，这比什么都不建还要糟。因为这些都是根据苏联的设计和规格建造的，要装苏联机械，而现在设计图都带走了，机器也不会运来了。

那时食物也不够。配给也减少了。蛋白质奇缺。

祸不单行，从 1959 年到 1961 年，中国遇到了空前的三年自然灾害。水、旱、虫灾接踵而来。

马海德对苏联的冷酷无情感到吃惊。他从党内知道一些情况，如苏联给中国施加压力要中国听命于他们，毛泽东决不屈服，赫鲁晓夫大怒。

中苏关系从此走向僵局。

→ 亲人相聚

★★★★★

1962 年夏天，一位美国老人敲响了大马士革的中国使馆大门。说自己是美国人，要找在中国共产党里的儿子。在那个"打倒美帝"的时代，警卫立即向大使徐以新汇报。

原来，八十岁的老人在北卡罗来纳州的报纸上看到一篇报道，说他的儿子乔治·海德姆在中国成了要人，是毛泽东和周恩来的朋友。这篇报道证实了以前说乔治活着，而且活得很好的消息。纳胡姆老人想见见 30 年没有见面的儿子和从没有见过的孙子。

他从北卡罗来纳来到了黎巴嫩，住亲戚家里，由于中国在贝鲁特没有设立使馆，老人独自驱车来到叙利亚大马士革的中国使馆。

大使和夫人都认识马海德。纳胡姆老先生和

马海德长得像极了。再进一步了解老人的身份，父子关系更不容置疑。大使请他到中国去探亲。纳胡姆先生婉拒，并表示遗憾。他已经做了长途旅行，在他这个年龄，再旅行就力不从心了……大使向北京请示外长陈毅后说："那这样，我们把马海德全家请到这里来。"

老人大为欣喜。

1962年夏，马海德正在北京以东200英里的北戴河海面上，安安静静地仰面躺在水上对着蓝天的时候，突然岸上有人尖声喊他：

"马大夫，马大夫，你爸爸来啦，快出来！"

马海德对站在那人旁边的苏菲高喊："他说什么？我听不见。"

苏菲高声嚷道："他说快出来，你爸爸来啦。"

马海德游向岸边，自言自语："他怎么来了，不可能。"

最后，他弄明白了真相。他父亲真的来到中国驻叙利亚大使馆。马海德的母亲几年前已去世。

于是一星期之内，给马海德、苏菲和幼马发了护照，购买了服装，买了机票。一切费用全由政府出。他们飞到莫斯科，次日到布拉格。第三天，8月2日就到了大马士革，乘坐的是中国的第一批喷气式客机。大马士革中国使馆给他们准备了一套房子，给老人准备了另一套。他们有单独的厨房、厨师、汽车和司机。讲好请他们住到9月底。

这次父子相会双方都很动情。父子俩自1928年乔治离美到贝鲁特美国医学院学医后，一直没有见过面。马海德让苏菲和幼马见过公公、爷爷。老人高兴地拥抱、亲吻他们。

"爹！"马海德喊了他一声，使他恢复了常态，他是个爱热闹、爱开玩笑的人，非常幽默。

他们用英语讲话。老人在美国生活了多年，英文已讲得很好，马海德不会阿拉伯语，只会说几道很好吃的黎巴嫩菜名。父亲一定要给他们买昂贵的进口礼物。他似乎很有钱，穿得很时髦。他的行李和所有衣服都饰有他本人姓名缩写字母的花押字标。

每天下午，爷爷和已经19岁的幼马在使馆游戏室玩桌上弹球机。幼马总是输家，老人就开玩笑要他付钱。

他们在使馆的逗留就要结束了。使馆要给马海德在黎巴嫩的一些亲戚举行一次招待会。请了30人，来了有300人。他们驱车来到大马士革。

他们热烈地告了别，父亲和亲戚们一起去黎巴嫩。马海德、苏菲和幼马飞布拉格，仍在大使馆。奥托·布劳恩（李德）特别从东德赶来看他们。他请马海德一家去外面吃饭。二十五年前，李德和马海德在延安住一个窑洞，他和马海德谈到从那时以来世界和他们自己生活里发生的那么多的变化。

从布拉格他们飞往莫斯科，仍住在使馆，在那里过的国庆节。大使馆举行了盛大的国庆招待会。赫鲁晓夫出席，那时正是中国反修时，能和赫鲁晓夫握手幼马很高兴。

后来的几天他们在莫斯科逛街，赞美地铁站，到红场去瞻仰列宁墓。参观列宁墓的人排起了长队，卫士很客气，送他们到队列的最前面去。虽然中、苏的官方关系不好，俄国人民还是很热情、很友好。

有一位工作人员送他们上飞机。他们明智地拿出几条中国香烟，于是得以把超重的行李免费运走。

→ 防治麻风病

★★★★★

麻风病是一种非常可怕的慢性病，感染后两到七年才发病。麻风杆菌从侵犯皮肤开始，然后深入到人的头和四肢的神经系统，直到眼睛闭不上，嘴巴歪斜合不上，手足从溃疡到糜烂，慢慢地烂光，数年后才死亡，无一幸免。此病被称为世界第二大传染病。在旧社会，如果哪个地方有麻风病人，唯一的办法就是把这些麻风病人驱赶到深山、荒岛。有的地方把他们活埋、烧死，再把他的家烧光。中国刚解放时，在边远地区，还有许多麻风病人非正常死亡的案例。

为了给病人治病，在中国彻底消灭麻风病，马海德主动要求从卫生部调到下面的单位去任职。

△ 1982年农历正月初一，马海德到河北省望都麻风病医院给病人拜年。他紧握一位麻风病人的手问寒问暖。这位麻风病人流着激动的热泪说："马老，我患病25年，没有人敢跟我握手，您是第一个啊！"

1954 年，马海德请求组织把他由中央卫生部顾问调到新成立的中央皮肤性病研究所当顾问，同时兼任所里麻风病防治研究室第一任主任。从那时起，马海德开始到图书馆查找医治麻风病的图书和资料，并向苏联专家咨询、向老中医请教学习。他还到全国各地调查麻风病的现状，然后和同事们一起制订控制麻风病的基本方案——积极防治，控制传染。

然而，几千年都没法治的病，防治起来难度非常大，得到最边远、最荒凉的地方找到病人，再说服这些病人，把他们集中起来，为他们提供吃、住，然后才谈得上治疗。据统计，20 世纪 50 年代的中国麻风病人至少有 50 多万，其中广东的麻风病人最多。于是，以潮安县为试点，马海德发动县里组织公社、大队的 1073 名卫生员，对全县 75 万人进行普查，普查率达 97%。最后发现麻风病人 1342 人。马海德把这些麻风病人集中到县里的各麻风院和麻风村，并从中央和各省的麻风病院调来 88 名专业医生和受过训练的 33 名非专业医生，对病人进行治疗，以控制传染。那时，治疗麻风病的医护人员穿得像防原子弹的辐射防护服一样，外号叫"三 K 党服"。马海德带头不穿这种衣服，他说："没那么可怕，虽然是传染病，但传染率很低很低。"不仅如此，和麻风病人在一起时，他还尽量不穿白大褂，以表示自己跟他们一样。在那个年代，他常常在麻风病医院、麻风村一住就是一两个月，和其他医护人员吃住在一起，夜里穿着木拖鞋去看病人。这些医护人员在麻风病院工作多年，他们都互相戏称"老麻风"。有一位"老麻风"告诉说，马海德每到医院都主动和病人握手。这些病人都已多年没有和正常人握手了，有的人感动地流下了眼泪。马海德每次到医院，都要把病人集中在室外的院子里检查，出不了屋的就到病人床头检查，特别是一定要查溃疡处，提醒病人和护士一定要注意换药，麻风病的溃烂是会传染的，一定要保护好自己。有的病人嫌自己的脚太臭不愿意脱鞋。因为脚部最容易溃烂，马海德就耐心说服他们。有些病人足底已经烂了，马海德就亲自为那些已经没有手或只有一只手的病人穿鞋袜。他说："怕脏怕臭就做不了医生。"

马海德和他的团队找到氨苯砜这种药用来治疗麻风病，但这种治疗方式很容易复发。从一开始，他就特别关心麻风病的残疾人的康复。20 世纪 60 年代初，马海德带着英国整形专家洪诺诗教授到各地去为麻风病人做整形手术，术后很多的病人又能生活自理了。"文革"开始后，洪诺诗被当成"不受欢迎的人"押送出境。后来马海德的皮研所也开始"闹革命",不再看病,中国的麻风病医治工作也陷入停滞状态。然而,马海德依然还能经常收到麻风病人的来信。苏菲经常给马海德念病人的来信,当得知麻风病人每月只有 12 元的生活费,实在活不下去时,马海德哭了。他想办法请地方负责人去帮助解决。

后来,皮研所解散。医护人员有的被分到包括西藏在内的西北地区,而大部分被下放到苏北边劳动边"闹革命"。当时马海德已经 60 岁了,被调到阜外医院皮肤科去看门诊。

友好大使

→ 再战麻风病

★★★★★

　　"文革"结束后，马海德又回到卫生部做顾问。他说："在有生之年最大的愿望就是看到中国消灭麻风病。"利用自己的职务和在国际上的影响，他继续他的防治麻风病事业，开始了消灭中国麻风病的新一轮战斗。

　　那时，世界上已经有了治麻风病的特效药，连续服用三天就不再传染，连吃两年就可痊愈。中国没有生产这种药的能力，而且这药价格很贵，马海德于是向国外寻求帮助。

　　当年的年轻翻译、现任卫生部国际交流与合作中心副主任的邢高岩女士说："改革开放初期，国家拿不出很多钱来解决麻风病的问题，马老常说，那就靠我这张外国人的面孔和会说英文的嘴到外国去化缘吧。"那时马海德已经是70岁高龄，又做过七次大手术，身体大不如从前。

但他还是不辞辛苦，穿梭游说于各国之间。

邢高岩说："当年，很多国家和外国机构的领导，先认识的是马老和他高贵优雅的夫人苏菲女士。而后这些机构和组织才逐渐地了解中国、中国人、中国的医疗卫生、中国的麻风病防治。""在马老的积极推动下，先后与多国、多个国际组织、多个民间团体

△ 1979年9月，宋庆龄设家宴为马海德祝寿。右为格兰尼奇，他们是30年代结交的老朋友

和机构，建立了广泛的联系和密切的合作关系。先后签署了麻风病防治管理和专业人员培养、假肢技工师培养、免费提供中国各省治疗麻风病药械等协议书。"

马海德当年和那些国家签署的协议书至今依旧有效。直到现在，只要在中国新发现一个麻风病人，就会收到来自国外一份够用一年剂量的特效药，现在的病人也不用被隔离到麻风病院。

邢高岩又讲："对那些愿意帮助中国麻风病的组织，马老都请他们在方便时到中国来访，亲自带他们去麻风病村，而且一定会陪同全程，并且有问必答。但马老从不向对方开口要求对方的帮助，更不会把麻风村早已准备好的申请设备和药品的清单交给对方。反而经常是考察团的人耐不住性子，悄悄向陪同的人打听马老最希望得到什么帮助。一个国外考察团回国后，写出了详细的考察报告，并主动拿出十页的援助计划，请马老取舍。其援助力度远远超出了我们的预期。"

马海德在一次访问日本东京时，在日本很有势力的、被称为"日本的教父"、愿意做善事的笹川良一先生邀马海德会面。笹川先生开门见山地表示，印度总理英·甘地夫人接见过他，他给了印度很多钱治疗麻风病；尼泊尔国王马亨德拉接见过他，他资助尼泊尔治疗麻风病。接下来他表示，"如果邓小平见我，我也愿意资助你"。马海德回到北京就找小平同志，小平说："这是对你老马有好处的事，我当然要见了。"马海德表示，笹川良一曾是"二战"的战犯，战后又关了两年，后来开始做善事，帮助一些国家的麻风病组织，不过有人说他的钱是脏的。小平说："钱没有脏不脏，看干什么用，能帮助我们治疗麻风病就是好事。我愿意见他。"后来，在人民大会堂，笹川先生见到了邓小平。

有了这笔资助，马海德就在广州建立了一所麻风病防治中心，还成立了麻风病防治协会，请习仲勋任名誉理事长。这些机构在指导国内麻风病防治工作以及国际医学交流上起了很大的作用，中国消灭麻风病的事业开始迅猛发展，马海德也更加忙碌了。国外援助了汽车、摩托车等交通工具，还有假肢工厂，特别的制鞋厂、印刷厂和许多资金，改善了病人和医护人员的生活条件，增加了收入和福利，并派来很多国外医生为畸残病人做康复手术，并出资邀请中国医生去国外学习，这些医生后来都成为麻风病防治方面的专家。在广州，叶选平市长一次性解决了广州市郊区麻风病院上百名医护人员的城市户口。马海德要求所有麻风病医生，只要一查出病人患有麻风病，马上在他家免费保密治疗。病人吃三天药就不会再传染别人，吃两年药就能保证痊愈，这样，麻风病院只有回不了家和生活不能自理需要照顾的残疾人了。

1986年，他依然积极地为防治麻风病而奔走。11月，他去纽约接受声誉极高的拉斯克的公众服务奖，这是该奖第一次授予中国公民。褒奖文上说："马大夫贡献之重要性，能与消灭黄热病和鼠疫相比，而作为公共卫生控制性病的模范，是独一无二的。"

就在今年中国中医屠呦呦也获得了这个奖。

在共产党和政府的领导下，在社会主义制度的保障下，在国际友好组织和人士的帮助下，通过医护人员的共同努力，马海德和他的"老麻风"团队，克服了超出常人想象的困难，到马海德去世前的 1988 年，中国麻风病人只有 8000 多人了。马海德代表中国政府向全世界宣布：到本世纪末，中国将基本上消灭麻风病。

△ 在马海德的倡导和努力下，1985年11月26日在广州成立了中国麻风防治协会、中国麻风福利基金会、中国麻风防治研究中心。图为成立大会主席台

⟶ 功不可没

★★★★★

　　1949 年 10 月 1 日中华人民共和国成立之日，就是中国"解放"之日。对马海德个人来说"解放"将带来两种重要变化：一是他从事的医学和卫生工作其方式和规模都将是以前所不能达到的。另一方面他将开始遭受长时期政治上的歧视和不公正待遇。

　　1953 年，马海德被任命为国家卫生部下面的皮肤病、性病研究所的顾问和副所长。他被介绍给年轻的所长戴正启，戴正启很不好意思。后来他们比较熟悉之后，他告诉马海德为什么他当时觉得窘迫。

　　1950 年戴正启从医学院毕业，成了正式的医生。他曾短时期地在中苏友好医院做副院长，和一位也任副院长的苏联医学专家共事。医院里都是苏联医生、苏联护士。1953 年在卫生部下面成立皮肤病研究所，就调他来任所长。

马海德在卫生部只是起咨询作用。戴正启以为像马海德那样从解放区出来的、资深的医生至少也应该是卫生部的顾问，而不只是研究所的顾问。他称之为"大材小用"之一例。

他能察觉戴正启的尴尬，就很快设法让他安下心来。

马海德笑着问："难道不欢迎我吗？"

戴正启不好意思地说："当然欢迎。只是我怕我们的庙小，你这个菩萨太大。"

马海德微笑着回答："我们面对的任务可是一点也不小呀！这工作可不是野餐那么轻松的事。"

马海德则赞成门诊治疗，口服青霉素。马海德并不坚持自己的意见，可是他解释了在中国这么一个贫穷国家，治疗时间短、费用少是有好处的。

马海德说："我们应该按既定的方针执行。但是对特定的病例也要考虑特定的环境。"

马海德和他的同事在检查和治疗梅毒上制订了基本的原则，加强了当地卫生单位的领导，并且在各个民族自治区建立了预防网络。马海德带了专家到各民族地区去治疗病人，还制订了各种计划，教育群众认识到一定要消灭性病和控制麻风病。

在随后的几年里，这种方法在内蒙古、海南、云南和新疆等少数民族地区使用，还遍及中国大陆。1966 年，马海德在写给中国医学科学院皮肤病及性病研究所的正式报告中说："性病在中国已经不是一个公众卫生问题了。"

马海德虽然在政治上受到不公正的待遇，全所的人却都知道：医疗上的成功应该归功于他。在各个研究所办的门诊部里有几位苏联医生，但是从此马海德是全所唯一的顾问。中国工作人员都喜欢他的客观的态度，也喜欢他经常学习外国的英文研究资料。

　　戴正启和马海德几乎每天在戴正启的办公室里用两小时或更长的时间，讨论各方面的问题。

　　他对戴正启说，"康生怀疑我，有些政治活动不让我参加，我得不到完全的信任。但是不要紧，我就是干我应该干的。调查研究终将证明我的清白。"

　　戴正启正式向上级提出研究所的所长可由马海德担任。回答是："外国人不能做政府单位的负责人。"

　　戴正启为此很生气，对马海德说，"外国人，什么外国人！你是中国公民，又是中共党员。他们就是怕得罪康生。这算什么理由！"

　　令人欣慰的是研究所里的同事，没有人看不起他。他热心肠，助人为乐，与同事关系很民主，倒不是说所里完全没有背后搞小动作的，或小小地出于妒忌地勾心斗角。戴正启敬佩马海德的革命者的态度，把他视为导师，不仅在医务方面，而且在国内、国际问题上也是他的老师。他们经常谈到马海德从外国报刊上所看到的消息。他们是好友，一起打桥牌。马海德喜欢戴正启实事求是的态度。

马海德决定他们不但检查梅毒，其他疾病也给治疗。人人都愿意让"外国专家"给看病，这样他本来就不多的休息时间大都被占用了。只要一外出，马海德似乎就生气勃勃。他的健康状况好转，走起路来也更有劲。同事们认为这是因为外面的空气新鲜又经常活动的缘故。

但是一回到北京，他就精神不振，话少了许多，情绪较压抑，他的朋友能感觉出来。这是由于被高级权威人士"怀疑"，政治活动受限制，连他的业务能力也不能充分发挥。只有他的家庭和非常熟悉他的中国同事如戴正启，以及艾黎、汉斯等老朋友知道他因受不到他全心全意热爱的党和政府的信任而内心痛苦。

马海德一面想，一面说：你可以把我的党员生涯大体上分四个阶段。第一阶段是从 1937 年参加党，到 1949 年进入北京。当时生活虽艰苦、危险，但是我却满足而快活。我担任重要工作，人们对我尊重。

第二阶段，从 1953 年他任皮肤病、性病研究所顾问，到 1966 年文化大革命开始，是跌落到低谷的时期。最高领导人几乎没有时间见到他。在研究所工作中，有倾向认为美国的医学不屑一顾，美国的都是资产阶级的、落后的……马海德不得不在崇敬苏联医学的"海洋"中去游泳。

最坏的是在政治上对他的冷遇。虽然他仍是共产党党员，但是他能听的报告和能看的文件很有限。康生已经毒害了他的生活。在延安，康生曾私下说（不过传得很广），他不信一个外国人能放弃本国的"舒适生活"，为中国革命来吃苦。

马海德狠狠地说道："他是狗娘养的，无知又顽固，以为人人都像他自己那么自私；好像这还不够，还把那诬蔑我的谎言写进我的档案。"

马海德是在 1978 年"四人帮"被打倒、文化大革命结束后，才知道文革期间受冷遇的原因，当时上面有人终于来向他解释。

情况似乎是：马海德1946年第一次飞到北京，作为解放区救济总署的医务顾问，帮助军调部的中共代表工作。在飞机场上，当时已接管机场的美国人询问了他几分钟。这件事汇报到康生那里，他就把这件事写在马海德的党员档案里，只不过他的几分钟变成了"几小时，"而且加上应把马海德当做"外国间谍"嫌疑来对待等字样。马海德在此阴影下生活了三十年之久。

马海德说，"我真的是受了罪。不被自己人信任，世上没有比这更难受的事了。"

就在这么多沉默而不受信任的年月里，马海德与他的医生同事们，不论老少，平等谈话，就好像他在这个世界上全然没有什么烦恼似的，他喜欢大家一起分析一切问题。

"第三个不好过的时期是1966—1976年文化大革命时期。"马海德回忆道，"我是整个儿地倒霉透了。但我们在北京郊区的农场上仍然劳动，白天收麦子，晚上同在一铺炕睡觉。我每一分钟都忙着干活，无论到哪里，欢迎我的当地官员和村民包围着我。病人们一边接受检查，一边问我各种问题：北京到底发生了什么事？政府打算怎么来解决农民的问题？"

到达有麻风病人的村子时，他就立刻到有病人的地方去，和病人与卫生人员谈话。如果人们害怕抽血样，他就在自己身上示范。如果卫生人员害怕传染，他就有意与病人握手，在进行检查时不戴手套或口罩，或其他的保护衣服。他安慰病人，教会当地的医生和卫生人员，他是以自己的行为来鼓励他们怎样去做。

不幸的是，他们的工作被"文化大革命"破坏无遗。他们本来要建在广东省平州的麻风病研究中心被扣上"修正主义窝点"的帽子。麻风病防治队被解散，队员也散开了。马海德呕心沥血所取得的成就被扑灭了。还不点名批评了他。1970年皮肤病、性病研究所下放泰州，马海德留下未去。他被调往北京阜外医院当了一名皮肤病门诊的一般医生。

马海德没有表现出失望，而是和平时一样工作。热忱而勤奋地为病人服务。在阜外医院他遇到了一位老同志江一真，江原来是医务行政领导，被四人帮逼迫下台了。

一天江得知刘少奇、陈毅和傅连璋都已被迫害致死而倍感消沉。马海德看他时，江哭着告诉马海德这些事，马海德安慰他，嘱咐他要自己保重。他们一起回忆这些老同志所做的巨大贡献。虽然眼下情况一片混乱，马海德却表示了对革命的信心。

他说："胜利前，我们党犯过许多错误，最严重的那一次'苏区'损失党员的90%。今天我们又遭到巨大的、令人心碎的损失。但是我确信党能纠正错误，把国家引向正确的道路。"

马海德指的是30年代初，党在李立三、王明、博古等极"左"分子的控制下。当时中国已被帝国主义和封建势力榨取得一无所有，他们却号召城市里的工人，起来推翻一切资本家，连小业主都在被打倒之列。这种政策使城市居民的广大阶层都成了敌人。共产党的积极分子如没有市民的保护合作，在上海等大城市就很容易被同租界巡捕房串通的国民党特务网所抓住。

在农村，红军遵循了共产国际的军事代表李德的战术，也采用冒进的不切实际的政策，对于强大得多、装备好得多的敌军，进行阵地战。结果，红军和一切农村革命武装受到致命的损失，最后不得不放弃苏区。

1935 年 1 月，在贵州省遵义举行的政治局扩大会议上，党承认了错误，建立了以毛泽东、周恩来和朱德为首的新的集体领导。红军在著名的长征开始时，有 30 万军队，到年底，只有 10% 到达了西北的目的地。但是在十多年后，共产党和恢复了生机的红军，解放了全部大陆，建立了中华人民共和国。

马海德说，党能够纠正极度严重的错误，相当快速地攀登到空前的高度，这使他相信，任何错误，不论多么严重，都是能够克服的。他自己的家也被抄过。造反派欺骗说是苏菲工作的北京电影制片厂要"开会"，把他们都引出了家。而这个厂的"造反派"假装搜寻苏菲的"反动资料"，把马海德的文件都搜了，拿走了一捆捆的书和杂志。当他们回到这里，马海德看到已发生的事，他冷笑了。

他说："让他们拿去吧! 大部分书刊是英文的。他们要花好多年工夫才看得过来。"

正当文化大革命高潮时，有好几个国外回来的华人以及许多外国人都离开了中国。本来苏菲应当知道马海德的心思，那时她也问起马海德来："事情这么乱。你是不是动摇了？"

他反问："在什么方面动摇？"

"对党的信仰。"

马海德坚决地说："绝对没有。任何一个党能够公开承认它自己犯的错误并且改正错误就是一个伟大的党。你等着看吧，会改变的。"

有些他们认识的外国人以"保护"的名义被监禁起来，这时有一个中国朋友建议马海德带苏菲和孩子们出国去。

马海德反驳道："为了什么？我爱这个国家，我爱她的人民。"

那位朋友说："你也许爱中国，而中国不爱你。"

马海德大为恼火。他吼道："谁这么说？有许多胡作非为的蠢事，这是一小撮混账东西干的。他们是不爱中国的人。但是他们不会赢的。"

后来马海德把苏菲叫到一边："一旦把我放在'保护'之下，你不必着急。你可以确信我没有干过一点点对人民对党不利的事。我迟早会回来的。"

他继续保持积极态度，而且保持了他的幽默感。在动乱的十年中，大字报上被指责为"叛徒"的人的名字是倒着写的，还打上大红的叉叉。

一天下午他回家来，笑着宣布说："我的中文是愈来愈进步了。即使我的名字颠倒了过来，还加上个大的叉我也能认得！"他又讽刺地加上一句："一个能领导国家走向胜利的共产党，其中怎么可能会有那么多'叛徒'？"

他拒绝参加任何夺权的派别，他坚决站在被不公正攻击的老同志一边。他秘密地给他们治病、送钱、送食物。有时他把从别处来逃避迫害的人，藏在他的家里。

马海德轻蔑地说："这种无聊的仪式和宗教仪式有什么不一样？"

他认为这是令人作呕的，违反了马克思的原则。每当他要放弃希望时，他就想到还有成千上万诚实的好同志在为同一个目标而奋斗着。这个念头支持着他。其中颇有几个好同志在反对"四人帮"斗争中，直言不讳。

文化大革命自始至终，马海德尽可能地立场鲜明。有一次他请同事郑大夫，一个麻风病专家去听维也纳爱乐乐团的演出。江青当时正把她修订的"八个样板戏"强加于无可奈何的观众，并坚持这些才是"纯真"的音乐。那时马海德这么个名人去参加演奏"资产阶级"作曲家斯特劳斯的华尔兹音乐会是挑衅性的，这使一切主张明智的社会主义社会应有艺术自由的人们都大为高兴。

马海德听说，毛泽东在党的高级会议上，狠狠地批评过她几次，并警告她，这样下去要惹麻烦。但是毛也对她和她背后的力量估计不足。对于上述说法马海德得不到证实，他只能说毛年纪老了，不能到基层去了解情况，那些包围他的人，不把真实情况告诉他，这倒是真的。

他的党内生活的第四个时期开始于1976年，文化大革命结束之后。

马海德说："1978年把我的名声和过去经历全部弄清，我真正'再生'了。我再次受人尊重，甚至受到礼遇。我成为了中国人民政治协商会议的委员，并到许多国家旅行，由于我对麻风病所做的工作而受奖……而最令我满意的，是我能帮助组织全国的抗麻风病的全面运动，还能协调世界性的合作。"

→ 国际友好大使

★★★★★

马海德理应列入中国最优秀的公共关系人员。他爱同人谈话，言语多彩，口语化，头脑清楚，富有逻辑性。他谈话娓娓动听，既真诚又讲道理。

他干这一行干得非常出色，这是与他所交谈

过的众多外国来访者以及他去国外旅行时与之交谈过的人一致公认的。

早在延安时，他就开始做公共外交、人民外交，几乎一直持续到他去世那天。要列出同他谈过话、听过他演说的人，在中国的和在国外的人的名单，那可是长长的一串。在同他谈过话的作家中颇有些著名人物，是对公众有巨大影响的人物。

韩素音是经常到中国来的。她每次来华都要去马海德处交谈。她出版过相当多的畅销小说，大部分以中国为中心。作为一位很走红的演说家，她能在对中国仇恨的年代里，到一般亲中国的汉学家们进不去的国家去演说。她的小说和演说中的很多阐述都是根据她与马海德的讨论得出的。

在所有的外国记者中，著名美国作家埃德加·斯诺写的有关中国的书，也许对西方公众影响最深远了。他热忱地承认马海德·海德姆给他的帮助。

斯诺接受了马海德所概括的，认为合理、准确。斯诺那年与毛泽东的访谈录以及他发表的文章，对1972年上海公报所表现的美国与中国和解，是起作用的。

1972年1月，当北京听说斯诺已临癌症晚期的消息时，毛主席、周总理派了中国医疗组到日内瓦去，马海德是组长。他工作起来又稳妥又高效——他是中国和瑞士医生间的联络员。他要对付报界，接待来访者，什么都干，忙得不亦乐乎。斯诺和他夫人洛伊斯一直以"沙格"这个老绰号叫他。在洛伊斯的书《庄严的死》（1974年，纽约市，蓝登书屋出版）中，她叙述"沙格"在斯诺生命最后几个星期那混乱而严峻的日子里，尽量使生活有点秩序。这是在马海德搬到了斯诺在艾新（在日内瓦郊区）由农舍改造而成的乡居去之后。

他的房间很快变成了小型的药房，书架都腾出来，放置一大堆药罐、药瓶，有药片，有水药，中文字又杂有拉丁字……'沙格'法文、中文都很流利，方便了沟通。他穿西式衣服，通常是长裤、毛衣。有一天晚上难得去日内瓦市，他穿了一件他刚到瑞士穿的运动夹克衫。这件夹克衫很惹眼，厚厚的、漂亮的、色彩丰富的花呢，与我在中国见过的迥然不同。

洛伊斯取笑地说，"你这是从哪里弄到这么件衣服的？"

马海德严肃地说：" 周恩来那里。我在离开北京的前一天去见他时，他问我到欧洲穿什么衣服。我那天穿的是我一件挺好的旧棉袄，我说我就穿这件。总理说：'那不行! 你会丢我们大家的脸。'他叫来了裁缝，第二天早晨，我就拿到了这件衣服。"

马海德转过身来让大家仔细看。他头戴黑色贝雷帽更加重了法式效果。

洛伊斯说：" 沙格几乎从不离开我们的家，晚上睡得最迟，早上起得最早。他平易近人，随时准备帮任何人的忙。可是他在斯诺要谈话，要翻身，要下床时，他总是等候在一个角落里，随时都在……他极其靠得住，他的力量和智慧也是经久不变的。可见在那些遥远的日子里，当年他和斯诺一起去中国艰苦的西北寻找红军时是个多么完美的同伴。"

马海德更频繁地出国。1974 年他应总统弗朗吉的邀请，去黎巴嫩探望了亲戚。苏菲和他同去。他们在黎巴嫩南部见到了阿明·杰马耶尔。

1978 年他和苏菲飞往美国，这是他 50 年来第一次回家。马海德认为，这也是最后一次了。

1977 年 10 月，马海德突发严重黄疸，立即被送往医院。探测手术发现胰头上有一个肿块，堵住了胆汁从胆囊里流出来，于是就出现了黄疸。做了一次针刺胰脏的涂片细胞检查，认为可能是胰脏癌。但是要开刀已经迟了。于是给马海德做强度的放射治疗，以延迟癌症无法避免的致命发展。

➡ 第一个入中国籍的全国政协委员

☆☆☆☆☆

1978 年初，马海德成为中国人民政治协商会议的委员，这是很大的荣誉。1978 年 4 月马海德决定和苏菲一起去美国，"这次不去再没有可能了"。他们说如他身体坏下去，就马上回来。

弟弟乔和几个亲朋好友，携了轮椅在华盛顿的杜勒斯机场接他们。不曾想到马海德虽然比弟弟乔 1972 年在日内瓦见到他时瘦了 40 磅，走路却很稳，而且头脑敏捷。他和苏菲和乔乘私人飞机到乔和妹妹夏菲亚家的北卡罗来纳州的罗阿诺克滩。他们一起度过了愉快的几个星期，见到了好多马海德在查帕尔希尔上学时的同班生。

他们还参加了格林维尔高中毕业五十周年的重聚会。这是专门为马海德举行的第二次 50 周年欢聚。因为真正的 50 周年是 1977 年，而那一次他没能参加。马海德看到他大多数同班同学过的是一种封闭生活，兴趣只在当地的事务、宗教和本市本镇的政治。虽然有几个当了律师，但是当医生的，却一个也没有。只有一个从事烟草工业的同学爬到高位，算是真正的"成功者"。

他们在华盛顿逗留了几天，后来到纽约市。他们是萨姆·罗森大夫和他妻子海伦的客人。1971 年罗森夫妇第一次访华，他们就认识了。罗森是著名的耳外科大夫，是他发明了镫骨手术。他在北京学了耳朵针刺，治疗耳聋，在纽约市的西奈山医院一群耳聋的孩子身上试验这种治疗。他据实报告了结果，几乎无一例成功，别的对华"友好"的医生就攻击他。马海德很钦佩他，尊重他能说真话。

在纽约市他和他医学院的同班同学罗伯特·列文森愉快地重逢。他初到上海时，曾和列文森以及另一个同班同学合伙办了一家诊疗所。列文森和著名妇女服装设计师多丽斯·韦斯顿女士结了婚。苏菲和她很谈得来，马海德和他的老朋友则回忆往事。

马海德和苏菲来到布法罗，他的表妹特莉莎和更多的家庭成员住在该市，然后又到开普可特的曼尼·格兰尼奇的夏季小屋。是格兰尼奇在 30 年代的上海鼓励马海德去探索马克思主义的。曼尼的客人中有电视大名人沃尔特·克朗凯特和巴巴拉·沃尔特斯。马海德使他们极感兴趣，而他们的大发深思的争论，使马海德的胃口有所改进。

下一站是旧金山，马海德在美中友好协会的年会上演说。一些仍然对"文化大革命"困惑的美国人，还有一些极"左"狂热分子给他出难题，谴责中国已放弃了马克思主义，成为"修正主义"。马海德赞同友协多数成员的意见，他们以为中国放弃原来的教条主义是正确的。

　　再下一站，马海德和苏菲到亚利桑那州的图桑，住在赫伯特·艾布拉姆斯大夫与其夫人索菲的家里。40 年代日本投降后，艾布拉姆斯作为世界卫生组织的医生，曾把联合国的医药物资交给了山东的游击队。

　　马海德的健康神奇地好起来了。等他和苏菲到密苏里州的堪萨斯市，作为格瑞·迪蒙德大夫及其夫人的客人时，他居然体重增加了。斯诺是出生并且生长在堪萨斯市的。密苏里大学图书馆里，有埃德加·斯诺纪念藏书，其中有毛泽东 42 岁那年，戴着斯诺借给他的帽子的那张著名照片。迪蒙德大夫认识斯诺，他到中国去过好几次，致力于在中美之间促进医药信息和人员之间的交流。他写的书《今日中国内幕：一个西方人的见解》（纽约，诺顿公司出版）里，有他和马海德的几次谈话，加上他自己的理解，是一本引人入胜的书，虽然有一点儿做作。

　　马海德结束"告别旅行"回到北京后，写了一点笔记作为个人的记录。显然，从口气很随便，语法也不讲究来看，这些笔记是根据他在美国讲话的录音带所记录的。

马海德写道："那里的人们老是问我，我是否经历了文化大革命冲击。没有，我告诉他们，虽然我知道这么说有点傻，因为人人都期待着我说'有'。我说在北京我经常听"美国之音"短波。在杜勒斯时期，他们所想出来的事，大部分是仇恨中国的宣传，实在很可笑，不过也提供了不少消息。此外，我以前就知道美国社会的基本情况，后来从马克思主义观点来了解它。我也读美国报刊杂志，并亲自接触美国的来访者。我以前不曾见过的事，我也有所知，不会觉得奇怪，或受到冲击。"

但是马海德在他自己医药这行里，既感到吃惊，又受到冲击。他对美国的医生们说："有些事使我很吃惊。从表面上看，用塑料针管，用完就把它丢掉，比雇一个护士去花时间消毒可重复使用的针管，要划得来。你们衡量什么都是算成本，劳动力比浪费一点物资要贵。美国的医疗服务很发达——有些是当地最高的成就。只要一个人有钱，他或她可以得到大概是世界上最好的治疗。"

对此，马海德说，这让他想到医药工作中，社会制度是关键。他告诉他的美国同行："你们就是有那么多钱，有那么多人员设备等好条件，你们仍然可能无法提供最需要的服务。一个资本主义国家也需要给工人提供某些健康方面的服务，因为如果所有的工人都有病，谁来给你们干活？因此污水处理、干净的自来水等等多多少少是有保证的。但是消灭和预防疾病主要靠社会制度。只有自然科学和社会科学结合起来，才会有效果。这就说明为什么我们在中国能消灭性病而美国却仍然不能。你们的医生要多得多，知识和研究水平都比中国高得多，而且性病病人可免费治疗。为什么还有性病？为什么？我以为，回答是社会主义的优越性，这是个具体的好例证。"

马海德在 1978 年所理解的社会主义，的确在他看来能解决全国性的医疗问题。他还继续按照这条思路，以中国与印度对待麻风病的不同处理为例，马海德对他的美国医生听众说：

印度有世界闻名的麻风病科学家，有很好的研究工作。既有资金，又有设备，而且有免费治疗的网络。但是他们的麻风病发病率不见下降。我们同印度的同行讨论过。回答很简单，是麻风病人的社会条件使然。他甚至一年内一条肥皂都买不起，从何谈到卫生？他也许很多年，也请不到一个医生。他不认字不会写，教育轮不到他。他没有生活空间——很多这样的人，事实上，是分三班睡觉，而且因为地方挤而睡在别人身上。其中许多人一天只有 1200 卡的食物。食物、住房、衣服、教育、卫生是十分重要的。

如果你的麻风病人缺少衣、食、住、教育、卫生的基本条件，又加上疟疾、寄生虫、贫血等等，不论你的抗麻风病的药如何灵验，也起不了多大作用。他的抵抗力很差，周围一有传染病他就得病。这就是为什么我们说麻风病是贫穷病、是社会病。

在中国，平均每人有 5.5 平方米的生活空间，百分之六十五到七十的识字率，一天有 2000 到 3000 卡的食物，能有钱买肥皂，够穿的衣服，多少懂点卫生——加上一切疾病都能得到治疗。我们的抗麻风病运动和治疗就有效得多，因为我们的居民总体上是健康的。

因此从我熟悉的性病和麻风病的问题里，可以明显地看到社会制度的极端重要性。

马海德演说的年头是 70 年代后期，真正能认字又会写字的人不过百分之三十左右。但是他关于医药及卫生统计数字，不容置疑。

马海德在接见英国《卫报》记者约翰·吉廷斯时，吉廷斯问他："中国对第三世界能提供什么教训？"这次访谈是为《卫报》出第三世界专版的科技版而进行的。马海德说：

"中国的主要经验是：有着十亿人口的国家，如果和它的人民合作，是能够为这么巨大的人口提供卫生与医疗服务的。我们的医药设备仍然属于中等水平，但是通过像合作医疗或'赤脚医生'之类的方法，能够取得效果。中国已经证明只要有适当的社会性组织，不必等到国家富裕，就能使人民健康起来，尽管人口众多。

即使干净的自来水和污水处理还不能普遍享有，但是像中国这样的第三世界国家可以控制食物的质量、苍蝇和粪便，打出较好的井，把粪便变成堆肥而成为安全的肥料——总之，制造卫生条件。如果你得到人民的支持，他们会帮助你。不必等到有很多的钱才能办事。当然，有钱比没钱要好办事。但是如果你有这种愿望，有为人民健康而努力的政府，还有较好的社会制度的效率，只用令人吃惊的很少、很少的钱也能把事办好。"

在布法罗，马海德把细胞涂片（是去年腹部动手术时用针从胰腺吸出的）送纽约州卫生部的著名罗斯韦尔·派克纪念研究所又分析了一次。

虽然结果也显示可能有癌，但不能确定在什么部位。罗斯韦尔研究所说，除此之外，马海德的健康良好。

这个报告鼓舞了马海德，他感觉良好，就和苏菲游历了英国、法国，最后一站是瑞士。他们和洛伊斯·斯诺在艾新的改造过的农舍里住了 10 天，又在日内瓦的中国领事馆住了 10 天，然后回到洛伊斯那里住最后的 10 天。这所又大又旧的房子漏风，暖气不好，马海德着了凉。他们决定该回中国了。

1978 年访美结束回到中国后，马海德在卫生医务工作人员会上讲了话。他说国外的医生对预防的医务制度和中西医结合很感兴趣：

他说，现在谁都知道中国有相当发达的公共卫生制度。当我们说我们将要消灭麻风病时，人们相信我们，因为我们讲科学已名声在外。有些人不明白中国可以在某些科学领域中落后，但是如果一个国家真的能消灭性病，一般说来，它就很先进了，一点也不落后。世界上有几个国家已经做到这一点?

他说，什么是科学水平? 如果你只会在电子显微镜下识别螺旋菌并能数清它的每一根毛，但是你无法消灭梅毒，你的科学水平也就不见得那么了不起。因此在某些方面我们有理由为自己所做的感到自豪——这些事不容小视。

同时马海德也很清楚中国卫生医务工作的缺点。

他说:"我们必须按照适合中国的路线来发展,不能照国外的,虽然这里、那里总有些人不太明白这一点。"

他说,现代化可以有两种,例如,我们不能盲目地照抄西方的医疗中心。它不适合中国,我们没有搞医疗中心的基础。中国的医务工作应当以预防为指导思想,而且在训练治疗人员的同时要培训预防人员。最近我们开了一个会,要建立中国式的防病中心——把已有的研究所合并为一个组织,为预防各种疾病培训人员并进行研究工作。这是中国的道路。在一个社会主义国家如果你能把卫生知识教给人民,他们照此实行,就能免于传染许多疾病。

他说,在以前红军时代,我们经常告诉每一个士兵要喝开水,决不要喝生水。一旦大家都照办,就有了对腹泻的集体免疫力。这就是像这里发展的社会主义流行病学的初级形式。现在几十年过去了。我们在流行病学和预防医务方面都应当把经验提高到理论水平。它们和资本主义国家的不同。

1978年年底,著名的腹腔外科大夫吴蔚然在北京为马海德做了检查,认为他的健康总是好的。当时,吴大夫倾向于怀疑癌症,但抱谨慎的乐观态度。

突然1979年春,马海德胃部剧痛,吐血、便血,他进了北京医院,吴大夫是外科主任。治疗组大多数医生认为,马海德已到了胰腺癌的晚期,无法开刀。苏菲不同意这个看法。她说马海德在美国,吃起牛排来,胃口极好,癌症晚期者,绝没有这种胃口。

开刀还是不开,引起了争论,有的说:"既然要死,何必让他受罪?"与此具有不同意见的有苏菲、吴蔚然、医生朋友汉斯·米勒,他们的意见是"不开刀，他一定死于内出血。也许不是癌症，哪怕只有百分之一的可能，一定要试一试。"

次日凌晨，全家都在马海德的床边。他们要他决定。马海德说："如果死了，要做尸体解剖，不要开追悼会,简单的纪念就行了。"他要求孩子们继续努力，为中国勤奋工作。

手术立即开始。医生们彻夜未眠，研究着准备手术。吴大夫主刀。汉斯在全过程中，都在手术室里。一共花了9小时。他们隔一段时间,给苏菲打一次电话,报告进程。

最后终于等到了吴蔚然大夫的电话。出血的原因是十二指肠有一大片溃疡，在近胰腺处，是马海德接受大量放射疗法引起的。有一些胆结石，已和胆囊一起都拿掉了。溃疡和部分的胃和肠也拿掉了。原来肿起来的胰头，还缩小了。吴大夫从这点认为胰腺只是发炎，不是恶性肿瘤引起肿大。

人人都大为高兴。马海德获得了一次新生。虽然恢复期很长，而且有时如吴大夫所说，颇"有风浪"，但是他终于逐渐恢复了。由于伤口太大，马海德不得不戴一条紧身腹带，别的他都正常。他的体力和精神恢复得很好。在同年，即1979年11月，竟能带领一个中国代表团去加拿大参加纪念白求恩的大会。苏菲与他同行。他们趁这次机会，又去美国探亲。

➡ 国际赞助

★★★★★

1979 年访问美国的时候，马海德就向全世界发动了为中国的麻风病者募捐的运动。

他在 60 年代初就开始治疗这种病。中国人在战胜性病方面已取得巨大的成绩，于是决定转向麻风病，作为皮肤病的主要目标。马海德将近三十年间，在治疗麻风病上起了主导作用。

热心肠而重感情的马海德对病人的痛苦很敏感。他对麻风病病人怀有特殊的同情心。

他说："患麻风病的人是双倍的不幸，因为社会看不起他们。这很不公平。"

由来已久的对麻风病祸患产生恐惧，患者可怕的外表，使原本通情达理的人，也显出野蛮、凶恶。患有麻风病的人，以及被认为已经被传染上麻风病的人，都被赶出村去。他们的全家老小，通常有些人并没有得病，也都和他们一起被驱逐出村。他们的家和所有的东西都得烧毁。如果他们运气不好，周围的人恐惧已极，他们也许会被打死、烧死、淹死或活埋……。在少数有卫生和医疗组织治疗的地方，那些不幸的人都集中住在一起，和其他的居民隔离开来。

马海德的研究和观察提供了与一般的认识不同的事实：麻风病只是有轻微的传染性，例如比起肺结核，要不易传染得多。一个麻风病患者很少传染给他或她的配偶，尽管他们在一起吃饭、睡觉，共同生活好多年。治疗及治愈此病既不困难也不费钱。就是在晚期，麻风病也能抑制，伤残能用外科手术矫正或整形。没有隔离病人的必要，他们能够和邻居正常地生活、工作、交往，对任何人不构成危险。

他的结论是麻风病是能防止，并能治愈的，而且宣布到 2000 年，在中国能消灭麻风病。不过必须要具备某些条件。第一项大任务是教育公众。此前，还先要教育医务工作者自身。许多医务人员像普通老百姓一样，也对麻风病怕得要命，还有许多不科学的认识。何达勋是中国的一位麻风病专家，回忆了马海德是如何帮助他转变的：

我第一次接触一位麻风病人是在 1960 年。我们和保定麻风病院合作进行向种芽配合使用的研究。虽然我是一名医生，我对麻风病也怕得要命。医生一般都在看病时，从头到脚用防护服包起来，我们看起来很像三K党。这就在我们和病人之间产生了距离，但是我觉得这样才安全。

马大夫来检查我们的工作，对我们的防护服非常有意见。他解释说，麻风病只有轻微的传染性，治疗很快就能消灭麻风病菌的毒性。他只穿普通的医生的白衣服，讥嘲我们只露眼睛的大口罩，取笑我们的橡胶鞋、套鞋、乳胶手套。他做检查时，总是先同病人握手，这就使他们之间有了温暖之情。我很惭愧，很长时间，我们仍没有改变看法，没有学马大夫的样子。

不仅是没有经验的医生，对于麻风病"怕得要命"。有一个年轻的医学院毕业生，曾得过麻风病，准备出国深造，来到性病、皮肤病研究所做检查，结果证实他已经完全治愈。他刚结婚不久，他的妻子也是医生，准备与他同行。给她也做了检查，她也没有病。但是，这个年轻人还是得不到出国的许可。他被派往卫生部工作，但是叫他不要来上班，就在家里待着好了。这样持续了好几年。这是机关里严密保守的"秘密"。

一天，马海德偶然发现了这件事。他闯进了卫生部长的办公室。马海德要求，"我要这个人给我当秘书"。部长根本不知道这件事，很快就同意了，事情就这么解决了。

但在医务人员中，无知与对麻风病的恐惧并未消除。

在艰苦条件下一起生活、工作，马海德和医生、护士成了好朋友。

1966 年开始的"文化大革命"，使治疗麻风病的项目中断了整整十年。

1976 年打倒"四人帮"，1978 年开了十一届三中全会，马海德很高兴。这次会议是个里程碑，使所制定的政策，推进了一个创新的时期。

马海德对戴正启说："我觉得更年轻，身体也更壮实了，我等不及了，要再去攻击麻风病。"戴正启仍是皮肤病、性病所所长，但已经打算退休了。他坚定地说："现在发动对麻风病的攻势，是有利时机。政治情况改善了。过去我们打的基础还在，病人要求我们行动，医学界对此已经感兴趣，这些都对我们有利。当然，我们还得说服财政部制订下次预算时，给研究所拨一大笔款专治麻风病……

研究所要求政府的，都得到了批准，并且正式声明号召到 2000 年要消灭麻风病——这正是马海德所建议的。

1978 年，在过了多少年之后，马海德又成为卫生部的顾问，而不只是皮肤病性病研究所的顾问了。马海德现在能利用部里所具有的全部机构与权力，组织对麻风病的性质、病因、治疗、预防之广泛的研究，把一切可用的医疗力量都动员起来。他促使实现早期诊断，严格控制扩散，防止复发，对已治愈的病人实行矫正整形。马海德极力主张中西医结合。他派遣小组到全国各省市（除了西藏、台湾）进行群众性调查。其中有几个组由他自己带领，深入到云南最南端与缅甸交界的边境。

马海德提出，19 世纪西方所赞成的那种麻风村落和聚居地已不再适合中国。他提出四个基本原则：不实行住院隔离，而是在社会上预防、治疗；各种药物配合使用而不是只用一种药；治疗与康复并重；动员全社会的力量，不能光靠医生。

这些原则都被采纳了，大大加快了战胜麻风病的进程。1949 年中华人民共和国成立后，诊断出 50 万麻风病例，其中 80% 以上已痊愈。发病率及复发率大幅度下降。许多市县基本上消灭了麻风病或得到控制。

1981 年起，他每年都出国，到许多国家去解答关于中国，关于他自己的问题，但是总要谈到麻风病，谈到在全世界只要大家理解与合作，麻风病是真正能够消灭的。

1981 年他和苏菲去参加澳大利亚的国际麻风病大会。他们在布里斯班的一个家庭农庄里与一头袋鼠交上了朋友，到达尔文去参观麻风病院。然后应新西兰—中国友好协会的邀请访问新西兰。他们会见了路易·艾黎的亲朋好友，赴他们的宴请。

1982 年，他带领中国麻风病代表团做世界旅行，获得了经济和技术援助的承诺。在美国他参加了母校北卡罗来纳州大学同级毕业 50 周年的同学重聚。

吴蔚然大夫于 10 月间给他装了兜肚子的网，支撑他受损的腹壁。两个月以后，12 月底，在做常规体检时，胸透发现了左肺部有小块深重阴影。CT 检查骨盆部发现剩下的前列腺肥大了。1983 年 1 月，肺部的小块切掉了。细胞切片研究认为可能是癌扩散。前列腺的活检也证明癌扩散。两星期后做手术切断雄性荷尔蒙从睾丸流出的管道，使前列腺癌得以消下去。

1983 年 5 月他在北卡罗来纳州的杜克大学医疗中心检查的结论是："……他看来无症状，对保守疗法反应良好。"1983 年 10 月在纽约州布法罗罗斯韦尔·派克研究所的诊断为"无从证实前列腺癌扩散"。1985 年 8 月在罗斯韦尔检查结论为"马海德大夫看来非常好，眼下未见活动的前列腺癌"。1986 年 5 月，在罗斯韦尔再做检查结果令人高兴："海德姆大夫目前状况看来颇佳。"

到了 1983 年，马海德在麻风病防治中的成就已闻名于世。同年

4月在美国驻华大使馆举行的仪式上，恒安石大使给他颁发了达米安—达顿奖。

1983年10月，他与苏菲赴美，先去华盛顿中国大使馆，会见了基辛格和其他的美国著名人士，他们当时正在参加10月1日的中国国庆招待会。

当时的中国驻美大使章文晋回忆说："在我们国庆招待会上，马大夫在许多美国人眼里是一个传奇式人物，成为关注中心。他不停地谈到他在中国的经验，他也坦率地谈到我们国家的一些问题。他的幽默引起不断的笑声。如此进行的招待会延续了三小时。"

⟶ 邓小平对马海德的高度评价

★★★★★

1983年11月回到中国后，马海德被提升为全国政协常委。同月，他得到了中华人民共和国

△ 1983年11月22日，首都各界人士在人民大会堂举行庆祝马海德来华工作五十周年招待会。邓小平对马海德为中国革命和建设做出的贡献给予高度评价，说："五十年，不容易。"

卫生部、对外友好协会、宋庆龄基金会、国务院外国专家局联合颁发的荣誉证书，褒奖他五十年对医务工作的贡献。在人民大会堂为他举行的宴会上，把荣誉证书授给了他。中国的几位最高领导人和一些老同志都参加了。

马海德从延安时期就认识的朋友、周恩来的遗孀邓颖超和另一位老朋友、中国共产党的领导人邓小平都讲了话，对马海德赞扬备至。

邓小平说："五十年，不容易。"意思是说马海德的成就本身就很杰出，但是要在 50 年中坚持不懈，有时候是在极其艰苦的环境之下做出的成就，这就更加不寻常了。

1984 年，马海德又开始到处跑了，他参加了在印度举行的第十二次国际麻风病大会，英迪拉·甘地总理接见了他。9 月，他到东京去参加宋庆龄基金会日本分部的开幕式。他访问了国立麻风病院，在冲绳的国家麻风病院里检查了患者。10 月，他与苏菲到马尼拉，参加西太平洋麻风病专家会议，讨论在各自国家用多种药品治疗麻风病的经验。

1985 年，他又去了日本，对日本全国麻风病协会的一个委员会，讲中国防治麻风病的情况。6 月，他与吴蔚然大夫到布达佩斯去参加国际医生防止核战争的和平会议，途经莫斯科住了三夜。

他的获奖与报上随之而来的报道使他的名声传播得更广，而他自己并不在乎。

1986 年这一年他像旋风似的不停地到处出访。首先，3 月份，鉴于他对中国和世界医学事业的贡献，黎巴嫩驻中国大使代表阿明·杰马耶勒总统授予他该国最高的奖章。4 月，他到旧金山参加美国内科医生年会。5 月 16 日，到他出生地布法罗，市长把那一天称为马海德日，并授予他荣誉公民的称号。6 月，他去了比利时和联邦德国，与那里的麻风病专家讨论专业。11 月，在瑞士看望斯诺遗孀洛伊斯以及汉斯·米勒的女儿米蜜。然后，去纽约接受声誉极高的艾伯特·拉斯克的公众服务

△ 拉斯克医学奖奖杯

奖。这是第一次授予中国公民这个奖。

11月在纽约，电视栏目《思想开放》采访了他。

主持人问他如果艾滋病进入中国，你认为中国能否比美国处理得好些？如果是如此，那又是为什么？

马海德回答道："艾滋病和性病都和国家的社会结构缠绕在一起，和一国的经济、文化背景密切相关。因此，我们称之为社会病。我们在医药上的治疗要得到社会的改变与理解才行。

1988 年 1 月，马海德到新德里去，接受甘地国际麻风病奖。春天，他明显地消瘦了，气力不佳。体检只发现他有轻度的糖尿病，不足以引起这些症状。怀疑是癌，但找不出癌在何处。后来的几个月，他出入医院好几次。

等他回到北京，马海德几乎吃不进任何东西了。夏天他一定要去北戴河，怀着一线希望，也许他喜爱的海滩和海风能帮他恢复食欲。

他不顾众人反对，决定要去参加北戴河召开的讨论利用外国捐款和设备治疗麻风病的会议。

吴蔚然 8 月初来到北戴河时，马海德连水都喝不进了。吴大夫在下一班火车上，伴他回家。儿子幼马把他从车站抱到接他的汽车上。

幼马说："他轻得很，半年掉了 66 磅。"

几天后，马海德住进了协和医院。医生给他输营养液和药物以维持生命。9 月稍稍好转。一生的老朋友沙博理一星期去看他两三次。替他写过一封信给香港一家医药供应公司，是为他订购的一些特殊设备的事。他已不能多讲话，但他要知道中国和世界的新闻。许多朋友和高级官员来看他。医学界人士向他汇报反麻风病运动的进展情况。他无力地对沙博理说："再有两年时间，我能打败麻风病了。"

一直到最后，他想的还是麻风病。

△ 1988年9月23日，卫生部为表彰马海德半个多世纪以来为中国人民解放事业和社会主义建设事业做出的卓越贡献，授予马海德"新中国卫生事业的先驱"荣誉称号。图为卫生部部长陈敏章前往医院为马海德颁奖

刚从美国回来的幼儿亲手交给爸爸，他的侄子从北卡罗来纳州捐来的一笔捐款。爸爸轻声说："捐给麻风病基金的，一定要交到基金会去。"他知道生命即将结束。

苏菲眼泪汪汪，答应一定办到。那天下午，马海德陷入昏迷状态，一直没有清醒过来。

1988 年 10 月 3 日，他去世了，享年 78 岁。尸检显示微小的癌损伤，但已广为扩散，不是尸检是无法查出来的。根据他的愿望，举行了简单的告别仪式。

124 ·

他躺在花圈丛里，覆盖着镰刀锤头的党旗。吊唁者排着队，向他致以最后的敬礼，然后向家属表示慰问。遗体在京郊革命烈士公墓火化。骨灰埋葬和大型追悼会定在 1989 年 6 月。日期定得稍远，是为了便于让外地以及世界各地的朋友，能来得及赶到。

但是数以百计的中国和外国朋友、同事、患者……从中国各地来到北京。唁电、唁函从国外如潮涌来。在中外报纸上马海德都受到赞美。他的骨灰按他去世前不久写的遗嘱分成三份。一部分埋在北京的革命烈士公墓，一部分埋在他的出生地、纽约州的布法罗。余下的一部分，苏菲和周幼马把它们撒在流过延安的

△ 马海德1933年只身来到中国，如今已经是十几口人的大家庭。图为1985年全家合影

△ 马海德博士雕塑

延河里，这里是马海德——乔治·海德姆大夫如此热爱的地方。

　　如今，马海德基金会依旧为麻风病的治疗提供扶持和帮助，他的妻子苏菲和儿子周幼马一直延续着他的奋斗目标——消灭麻风病。

后 记

中国人民不会忘记

编辑本书过程中，编者有如身临其境一般随着一位来自大洋彼岸的 20 世纪西方国家热血青年——马海德（乔治·海德姆），走过他融入中国，在中国不懈奋斗，可歌可泣、跌宕起伏的 55 个春秋。一个不为名利所趋一心致力于中国革命和医疗事业的国际主义战士的光辉形象呼之欲出，跃然纸上。

马海德是中国红军里独一无二的从西方走来的年轻医学博士；他是第一个加入中国共产党，是以严谨的、从实际出发的科学态度为新中国卫生事业开创道路的先驱；是始终对人生、对中国、对世界进步事业怀有坚定信念的斗士；是新中国开国后第一位有外国血统而入籍的中国公民。

马海德是皮肤病性病专家。他为中国消灭旧社会遗留下来的性病和麻风病所作的突出贡献，也是对世界的贡献。因而，国内外为他颁发过近二十项荣誉奖或称号。他对千百年来麻风病患者所承受的，不应有的歧视和残酷迫害抱有深切的同情。他倡导了史无前例的对待和诊治麻风病患者的医德和方法。这种种体现了他那高度的人道主义情怀。

马海德不是什么传奇性的人物或"神"，而是一个实实在在的、感情极深邃又丰富的人。作为"人"，他所达到的人品的高度，足以让那些从40年代开始就从政治上歧视并不公正对待他的极"左"分子们，如康生之流们感到无地自容和汗颜！

马海德也是一个脱离了低级趣味的人，一个高尚的人！一个中国人民永远怀念的人！

今天，我们怀念马海德，就是要学习和弘扬他热爱人民、无私奉献、光明磊落的革命精神；学习他廉洁奉公、淡泊名利、严以律己、宽以待人的高尚品德和对工作极度负责、对技术精益求精的严谨作风。

谨以此书缅怀马海德博士。

马海德，中国人民永远不会忘记！

100位

新中国成立以来感动中国人物

丁晓兵　马万水　马永顺　马恒昌　马海德　中国女排五连冠群体

孔祥瑞　　孔繁森　　文花枝　　方永刚　　方红霄　　毛岸英

王　杰　　王　选　　王　瑛　　王乐义　　王有德　　王启民

王进喜　　王顺友　　邓平寿　　邓建军　　邓稼先　　丛　飞

包起帆　　史光柱　　史来贺　　叶　欣　　甘远志　　申纪兰

白芳礼　　任长霞　　刘文学　　刘英俊　　华罗庚　　向秀丽

廷·巴特尔　许振超　　达吾提·阿西木　邢燕子　　吴大观

吴仁宝　　吴天祥　　吴金印　　吴登云　　宋鱼水　　张　华

张云泉　　张秉贵　　张海迪　　时传祥　　李四光　　李春燕

李桂林和陆建芬夫妇　李素芝　　李梦桃　　李登海　　杨利伟

杨怀远　　杨根思　　苏　宁　　谷文昌　　邰丽华　　邱少云

邱光华　　邱娥国　　陈景润　　麦贤得　　孟　泰　　孟二冬

林　浩　　林巧稚　　林秀贞　　欧阳海　　罗映珍　　罗健夫

罗盛教　　草原英雄小姐妹　　赵梦桃　　钟南山　　唐山十三农民

容国团　　徐　虎　　秦文贵　　袁隆平　　钱学森　　常香玉

黄继光　　彭加木　　焦裕禄　　蒋筑英　　谢延信　　韩素云

窦铁成　　赖　宁　　雷　锋　　谭　彦　　谭千秋　　谭竹青

樊锦诗

图书在版编目（CIP）数据

马海德 / 于海涛编著. -- 长春：吉林文史出版社，
2012.7（2022.4重印）
（100位新中国成立以来感动中国人物）
ISBN 978-7-5472-1140-3

Ⅰ. ①马… Ⅱ. ①于… Ⅲ. ①马海德（1910～1988）
－生平事迹－青年读物②马海德（1910～1988）－生平事
迹－少年读物 Ⅳ. ①K826.2-49

中国版本图书馆CIP数据核字(2012)第171679号

马海德

MAHAIDE

编著/ 于海涛

选题策划/ 王尔立　责任编辑/ 王尔立 李洁华 马华 任玉茗

装帧设计/ 韩璘

出版发行/ 吉林文史出版社

地址/ 长春市福祉大路5788号　邮编/ 130118

电话/ 0431-81629363　传真/ 0431-86037589

印刷/ 天津海德伟业印务有限公司

版次/ 2012年8月第1版 2022年4月第4次印刷

开本/ 640mm×920mm　1/16

印张/ 9　字数/ 100千

书号/ ISBN 978-7-5472-1140-3

定价/ 29.80元